Département des affaires politiques
Centre pour les affaires de désarmement

COMITE CONSULTATIF PERMANENT DES NATIONS UNIES
SUR LES QUESTIONS DE SECURITE EN AFRIQUE CENTRALE

Les Nations Unies soucieuses de promouvoir la paix et la sécurité en Afrique centrale

Document de référence

Nations Unies • New York
19 97

Note

Les contributions financières des Etats membres, des Organisations gouvernementales et non gouvernementales ainsi que celles des particuliers au Fonds d'affectation spéciale établi par les Nations Unies pour appuyer le programme d'activités du Comité consultatif permanent des Nations Unies sur les questions de sécurité en Afrique centrale, peuvent être adressées au Secrétaire général des Nations Unies. Pour toutes infomations ou questions complémentaires sur le Comité et ses activités, veuillez contacter: Sammy Kum Buo, Secrétaire du Comité Consultatif Permanent des Nations Unies sur les Questions de Sécurité en Afrique Centrale, Bureau S-3140 E, Département des Affaires Politiques, Nations Unies, New York, NY 10017 ou par Internet: cda@un.org.

PUBLICATION DES NATIONS UNIES

Numéro de vente: E.98.IX.2

ISBN 92-1-142225-6

TABLE DES MATIERES

LES NATIONS UNIES : INITIATIVES POUR LA PAIX ET LA SECURITE EN AFRIQUE CENTRALE

INTRODUCTION

A. L'Afrique centrale : foyer de tension

L'Afrique centrale est une des régions du continent où les feux de l'actualité sont continuellement braqués depuis près de quarante ans. Cette focalisation médiatique témoigne malheureusement davantage de l'existence de tragédies et de crises à répétition que d'événements réjouissants. Parmi les onze pays membres de la CEEAC, la Communauté économique des Etats d'Afrique centrale, près de la moitié, ont régulièrement été confrontés, à des périodes plus ou moins récentes, à des conflits armés avec leurs cortèges de pertes massives en vies humaines, de vagues de réfugiés, de populations civiles déplacées et de destructions de grande ampleur.

Au cours de la seule première moitié des années 1990, on estime que près de cinq millions de personnes ont péri à travers le monde des suites de guerres et de conflits armés. Sur ce chiffre, l'Afrique comptabilise à elle seule 3.5 millions de victimes. Toutes les indications démontrent que l'une des zones les plus affectées est l'Afrique centrale, surtout après les massacres à grande échelle commis entre avril et juillet 1994 au Rwanda et qui ont fait entre 500.000 et un million de tués.

Ces tensions et ces convulsions ont à chaque fois entravé le développement économique et aliéné toute dynamique de cohésion à l'échelle nationale et sous-régionale. Les observateurs sont unanimes pour affirmer que ces crises ont largement contribué à retarder l'émergence de régimes démocratiques et pluralistes et par voie de conséquence, restreint le loisir des libertés élémentaires se rapportant aux droits de l'homme.

Il convient toutefois de souligner que les pays de la sous-région, parfois en coopération avec d'autres Etats africains, ont à chaque crise, entrepris des initiatives politiques et diplomatiques de règlement pacifique. Elles ont abouti parfois à des résultats tangibles. La mise en place en mai 1997, en République Centrafricaine de la Mission interafricaine de surveillance des accords de Bangui (MISAB) et la création du Comité international de médiation du conflit du Congo, constituent deux exemples récents d'une démarche sous-régionale en matière de gestion et de règlements de crises en Afrique centrale.

La communauté internationale, en premier lieu les Nations Unies, s'est aussi montrée active dans l'appui des efforts vers la paix, face à l'éruption des crises. En Afrique centrale, l'ONU est attelée à des programmes multiformes destinés à prévenir ou à juguler les conflits . Dans le contexte d'hostilités ouvertes, le Conseil de sécurité, les agences et les structures spécialisées de l'Organisation ont contribué aux efforts destinés à faire taire les armes, à réconcilier les belligérants, à apporter de l'aide aux populations éprouvées, à restaurer une paix durable, ou encore, à relancer le développement et la reconstruction une fois la paix revenue.

La double nécessité d'oeuvrer à l'instauration d'un climat de paix, de coopération et de prospérité, de poursuivre et d'intensifier l'action multiforme de l'ONU en Afrique centrale, d'autre part, va amener le Cameroun qui assurait la présidence de la CEEAC à soumettre aux Nations Unies, dès le 28 novembre 1986, un programme visant à identifier et à mettre en oeuvre plusieurs mesures destinées à renforcer la confiance, la sécurité et le développement des pays d'Afrique centrale.

C'est précisément dans le cadre de cette politique active et tous azimuts que les Nations Unies vont, entre le 15 et le 19 février 1988, mettre à la disposition de ce groupe d'Etats, les locaux et les moyens de son Centre Régional pour la Paix et le Désarmement en Afrique basé à Lomé, au Togo, pour la tenue d'une première conférence sur les thèmes de la sécurité du développement et de la promotion de la confiance entre les Etats de la CEEAC.

C'est dans cette dynamique d'efforts conjugués que le Secrétaire général va établir, le 28 mai 1992, le Comité consultatif permanent des Nations Unies sur les questions de sécurité en Afrique centrale, en application de la résolution 46/37 B du 6 décembre 1991 de l'Assemblée générale. Cette décision a été prise à la demande des pays membres de la sous-région d'Afrique centrale.

Depuis sa constitution, le Comité mène des actions visant à développer et à mettre en place des mesures dans le domaine de diplomatie préventive, en vue de la construction et du rétablissement de la paix à la suite de conflits. Le Comité est également associé à la formation des personnels spécialisés dans le maintien de la paix.

Parmi les plus importantes décisions prises par les pays de la CEEAC sous l'égide du Comité consultatif permanent figure le Pacte de Non Agression, adopté en septembre 1993 à Libreville. Ce pacte a été signé à Yaoundé le 8 juillet 1996, par neuf des onze pays membres du Comité. L'Angola et le Rwanda demeurent à ce jour, les seuls pays qui n'ont pas encore signé ledit pacte.

B. L'ONU et l'Afrique centrale : des liens historiques

L'appui résolu des Nations Unies aux pays d'Afrique centrale est constante depuis la création de l'Organisation. Peu de temps après sa création, au lendemain de la Seconde Guerre mondiale, l'Organisation s'investit dans la «lutte pour la décolonisation» des Etats de l'Afrique centrale en même temps que dans celle de la presque totalité des autres Etats du continent africain. C'est ainsi que l'Assemblée générale des Nations Unies demande dès le mois de mars 1959, la levée des tutelles françaises et britanniques sur le Cameroun.

Lorsque en 1960, les pays de la sous-région (excepté l'Angola) accèdent à leur souveraineté, ils intègrent *de facto* les Nations Unies et vont former avec les autres pays d'Afrique et d'Asie nouvellement indépendants, le plus grand groupe d'Etats de l'Assemblée générale. Cet élargissement des membres des Nations Unies va du coup stimuler les actions de l'Organisation en faveur du "tiers monde", en mettant l'accent progressivement sur la décolonisation et le développement.

C. Protection des droits de l'homme et lutte contre l'impunité

Si avec le temps, la bataille de la décolonisation a été remportée, les questions se rapportant aux droits de l'homme et au développement sont, en revanche, toujours d'actualité. A ces préoccupations traditionnelles se sont greffées d'autres formes d'actions de l'ONU (à caractère durable ou ponctuel) liées à des opérations de maintien de la paix, à l'assistance aux réfugiés, à des programmes de soutien aux processus démocratiques, notamment en matière électorale. A cet éventail de missions, il faut ajouter la mise en place d'instruments spécifiques destinés à lutter contre l'impunité, tel que le TPR, le Tribunal pénal international pour le Rwanda. Créée le 8 novembre 1994 par le Conseil de sécurité, cette juridiction première du genre jamais instituée sur le continent africain, a pour mission de juger les responsables présumés du génocide perpétré au Rwanda. Le TPR est installé à Arusha, en Tanzanie.

L'engagement des Nations Unies dans la lutte contre l'impunité, a été confirmé par la mise en place en 1997 par le Conseil de sécurité d'une Commission d'enquête chargée de faire la lumière sur l'existence ou non de massacres collectifs de civils sur le territoire de l'ex-Zaïre à partir de 1993. La gestion de cette mission constituée d'enquêteurs indépendants, a été confiée par le Secrétaire général de l'ONU au Commissariat des Nations Unies pour les droits de l'homme dont le siège est à Genève.

D. Les opérations de maintien de la paix en Afrique centrale: 1960-1997

La République démocratique du Congo

Quelques semaines avant l'ouverture de la 52 ème session de l'Assemblée générale des Nations Unies, en septembre 1997, Ambassadeur Bill Richardson, Représentant Permanent des

Etats Unis d'Amérique auprès de l'ONU, indiquait que "près de 65 %" des travaux du Conseil de sécurité portent sur les opérations de paix en Afrique. Cette information rappelle d'une part, la récurence des conflits sur le continent (une situation que l'on ne déplorera jamais assez) et d'autre part, l'application des Nations Unies et plus largement celle de la communauté internationale, à rechercher des solutions à ces crises.

Dans le domaine du maintien de la paix, c'est un pays d'Afrique centrale, la République démocratique du Congo (ex-Zaïre) qui inaugura en 1960, la première opération onusienne engagée en Afrique sub-saharienne.

Quelques jours après son accession à l'indépendance le 30 juin 1960, l'ancienne colonie belge bascule brutalement dans une vague de violences meurtrières. Le Katanga (l'actuel Shaba), la riche province minière du Sud Congo, menace de faire sécession. Démuni de moyens lui permettant de riposter pour assurer la sécurité et l'unité de son pays, le Chef du gouvernement congolais, Patrice Lumumba se tourne alors le 12 juillet 1960, vers les Nations Unies et demande à l'Organisation une assistance militaire.

Le 14 juillet 1960, le Conseil de sécurité répond favorablement à la demande congolaise et autorise aussitôt la constitution de l'ONUC, l'Opération des Nations Unies au Congo. Moins de deux jours après cette décision, la Force des Nations Unies fournie par plusieurs pays (asiatiques et africains notamment) commence son débarquement au Congo.

Entre juillet 1960 et juin 1964, l'ONUC va mobiliser près de 20.000 personnes, des militaires et des civils placés sous la bannière de l'Organisation. L'opération coûtera à l'ONU plus de 400 millions de dollars à l'époque et sera émaillée de pertes humaines: 245 casques bleus et 5 experts civils expatriés ont été tués au cours de la mission. Ces pertes sont énormes, comparées au total des 1.194 collaborateurs des Nations Unies morts entre 1948 et 1994 sur l'ensemble des théâtres d'opérations onusiennes de maintien de la paix à travers le monde.

Une perte particulièrement tragique durant l'opération de l'ONUC est la mort de Dag Hammarskjöld, dans un «mystérieux accident d'avion» survenu le 18 septembre 1961, entre les frontières du Congo et de la Rhodésie du Nord (l'actuelle Zambie). Le décès dans des conditions dramatiques du deuxième Secrétaire général de l'histoire de l'ONU provoque en son temps une vive émotion en Afrique centrale et à travers le monde. Pour beaucoup, il a incarné plus que quiconque cette mission des Nations Unies qui consiste à mener sans relâche le combat de la paix.

Entre octobre 1996 et mai 1997, la République démocratique du Congo a été de nouveau le théâtre d'un conflit armé de grande ampleur. Les Nations Unies, en étroite collaboration avec l'OUA, ont, là aussi, entrepris d'importantes activités de médiation pour tenter de ramener la paix. Dans le cadre de cette initiative, les Secrétaires généraux de l'ONU et de l'O.U.A ont nommé à l'époque un Représentant spécial conjoint dans la région des Grands lacs.

La République du Congo

En juin 1997, après le déclenchement d'un nouveau conflit politico-militaire à Brazzaville en République du Congo, le Représentant spécial de l'ONU et de l'OUA dans la région des Grands Lacs, Monsieur Mohammed Sahnoun, a reçu pour mission des Secrétaires généraux des deux Organisations d'assister le Chef de l'Etat gabonais, M. El Hadj Omar Bongo dans ses activités à la tête du Comité international de médiation du conflit de la République du Congo.

En sa qualité de Président dudit Comité, le Président gabonais a saisi le Conseil de sécurité d'une demande d'envoi d'une force onusienne de maintien de la paix en République du Congo. A la suite de cette requête, le Secrétaire général a dépêché à Brazzaville et dans d'autres pays de la sous-région une mission chargée d'étudier la faisabilité de cette opération. Comme dans tous les conflits armés, aucun règlement de paix appuyé de l'extérieur ne peut aboutir sans une acceptation des belligérants d'opter pour une solution politique et pacifique. En octobre 1997, le conflit congolais connaît un tournant avec le retour au pouvoir de l'ex-Président Denis Sassou Nguesso.

L'Angola

En matière d'opérations onusiennes de maintien de la paix en Afrique centrale, l'Angola bénéficie depuis 1989, d'une assistance continue des Nations Unies. Trois Missions de vérification des Nations Unies en Angola, (UNAVEM I, UNAVEM II et UNAVEM III) ont été déployées entre janvier 1989 et juin 1997.

Le conflit civil angolais éclate au lendemain de l'indépendance de cette ancienne colonie portugaise, le 11 novembre 1975. Il va opposer deux anciens mouvements de libération, le parti au pouvoir, le MPLA et l'UNITA, l'un contre l'autre. Les deux mouvements se livrent alors une guerre fratricide avec l'appui de puissances extérieures. Nous sommes en en pleine période de guerre froide et de relations internationales conditionnées par la politique des blocs antagonistes, l'Est et l'Ouest.

Le déclic d'un espoir de paix en Angola survient en décembre 1988, avec l'adoption d'un accord tripartite entre l'Angola, Cuba et l'Afrique du Sud sur un engagement mutuel à retirer du territoire angolais les forces militaires étrangères. Cette avancée décisive a été obtenue grâce aux appuis de la diplomatie américaine et des Nations Unies. Le 31 mai 1991, une nouvelle étape est accomplie sur le chemin de la paix avec la signature à Bicesse au Portugal des Accords de paix entre le gouvernement angolais et l'UNITA. Aussitôt après, le gouvernement angolais demande aux Nations Unies de se charger de la vérification de l'application de ces accords. En 1992, le Conseil de sécurité étend le rôle des Nations Unies en Angola à l'observation des élections prévues par les processus de paix.

En septembre 1992, le premier tour des élections législatives et du scrutin de la présidentielle est organisé. Les résultats du vote sont publiés le 17 octobre suivant par la Commission électorale nationale. Largement favorables au MPLA, ils sont rejetés par l'UNITA. Malgré les exhortations du Conseil de sécurité demandant aux deux parties angolaises d'accepter le verdict des urnes, les hostilités reprennent le 30 octobre 1992.

Il faudra attendre le 15 novembre 1993 pour que les négociations de paix reprennent entre le gouvernement angolais et l'UNITA sous l'égide des Nations Unies. Ensuite, un an après, le 20 novembre 1994, sont signés à Lusaka en Zambie, toujours sous les auspices des Nations Unies, les derniers accords de paix entre les parties angolaises.

Plus de 9,000 casques bleus, policiers et experts civils de l'ONU ont été déployés en Angola entre 1989 et 1997. Le coût financier pour les Nations Unies de cette opération de longue haleine, totalise déjà plus d'un milliard de dollars.

Depuis juin 1997, la MONUA, la Mission d'observation des Nations Unies en Angola, a pris le relais des Missions de vérification précédentes. Cette structure comprend des militaires, des policiers et des assistants civils. Les tâches qui leur ont été assignées par le Conseil de sécurité est d'aider à l'exécution finale du contenu des Accords de LUSAKA, l'assistance électorale, l'assistance humanitaire ou encore l'aide à la reconstruction du pays.

Rwanda

Le conflit du Rwanda qui a abouti en 1994, aux massacres de grande ampleur qualifiés depuis de génocide, s'inscrit dans une crise remontant à 1990. Au cours de cette année là, des combats sporadiques opposent régulièrement les forces armées gouvernementales aux combattants du Front patriotique rwandais opérant depuis le nord du pays. Ce genre de confrontation sur fond de différends politico-ethniques oppose régulièrement depuis l'indépendance du Rwanda les communautés hutus et tutsis du pays.

Dès le 22 juin 1993, à la suite d'un regain de tension, le Conseil de sécurité crée la MONUOR, la Mission d'observation des Nations Unies Ouganda-Rwanda. Par la suite, avec l'appui des Nations Unies et de pays de la sous-région ainsi que d'Afrique orientale, des pourparlers de paix interrwandais aboutissent le 4 août 1993, à des accords de paix, scellés à Arusha en Tanzanie. Cette trêve est mis à profit par le Haut Commissariat de l'ONU pour les réfugiés pour aider quelques 600.000 rwandais réfugiés dans les Etats voisins à regagner leur pays.

A la demande du gouvernement rwandais et du Front patriotique rwandais, le Conseil de sécurité crée le 5 octobre 1993, la MINUAR, la Mission des Nations Unies pour l'assistance au Rwanda.

La MINUAR qui comptera jusqu'à 5.500 hommes, en très grande majorité des militaires a nécessité plus de 437 millions de dollars de dépenses pour les Nations Unies entre octobre 1993 et mars 1996.

Les efforts des Nations Unies, plus largement ceux de la communauté internationale ainsi que des Etats de la sous-région pour éviter l'escalade au Rwanda après les accords d'Arusha, vont cependant s'avérer vains. Entre avril et juillet 1994, les affrontements reprennent à la suite de la mort du Chef de l'Etat rwandais Juvénal Habiyarimana dont l'avion s'est écrasé dans des conditions encore non éllucidées au-dessus de l'aéroport de Kigali. Parallèlement aux combats entre forces gouvernementales et combattants du Front patriotique rwandais, des massacres ciblés sont commis sur toute l'étendue du territoire national rwandais par des forces du Gouvernement ainsi que par leurs milices et alliés civils souvent armés de machettes.

Après cette douloureuse tragédie, les Nations Unies lancent deux appels de fonds à l'échelle internationale en faveur de l'aide humanitaire et de la reconstruction du Rwanda. Par ailleurs, la décision de la création du Tribunal Pénal International pour juger les responsables présumés, est prise par le Conseil de sécurité. Enfin sur place au Rwanda, le Commissariat des Nations Unies pour les Droits de l'Homme dispose d'une équipe d'observateurs.

Après le retrait définitif de la MINUAR, en mars 1996, à partir d'octobre 1996, plusieurs centaines de milliers de rwandais qui s'étaient réfugiés notamment dans l'Est de l'ex-Zaïre retournent dans leur pays après le déclenchement d'une offensive contre le régime de l'ex Président Mobutu par les forces de l'Alliance Démocratique. Depuis ces retours massifs, la situation humanitaire et des droits de l'homme demeure préoccupante au Rwanda.

Burundi

Le Burundi, lui aussi, est le théâtre continuel de conflits armés politico-ethniques. Des affrontements violents opposent Hutus et Tutsis depuis 1960, date d'indépendance de cette ancienne colonie belge.

Le dernier grand soubresaut armé survient en 1993, après l'assassinat de Melchior Ndadaye, Premier Chef d'Etat Hutu élu démocratiquement de l'histoire du Burundi. Depuis cette date, on estime que près de 150.000 burundais ont été tués au cours de violences sporadiques et d'affrontements armés rythmés par des atrocités de toutes sortes; par des exodes massifs hors du pays et des déplacements internes forcés de populations, ainsi que par de multiples violations des droits de l'homme.

Le Commissariat des Nations Unies aux Droits de l'Homme dispose d'une mission de plusieurs observateurs au Burundi. Les agences humanitaires que sont le Haut Commissariat des Nations Unies pour les Réfugiés ainsi que le Programme Alimentaire Mondial s'activent sans relâche dans l'exécution de programmes d'assistance en faveur de plusieurs millions de civils.

Dans le domaine de la paix, un Représentant spécial du Secrétaire général des Nations Unies a été en poste à Bujumbura jusqu'en 1996. Il a ouvert un bureau de l'ONU à Bujumbura, resté opérationnel après son départ. Par ailleurs, les Nations Unies et le Conseil de sécurité continuent à suivre attentivement l'évolution de la situation au Burundi. L'ONU est également étroitement associée aux initiatives des pays de la sous-région et d'Afrique orientale visant à ramener définitivement la paix au Burundi.

Tchad

L'intervention des Nations Unies au Tchad dans le cadre d'une opération de maintien de la paix a été d'une courte durée. Le GONUBA, le Groupe d'observation des Nations Unies dans la bande d'Aouzou, a été opérationnel entre mai et juin 1994. Constitué de neuf militaires, son rôle a été de vérifier le retrait de l'administration libyenne, de la bande d'Aouzou alors reconnue comme partie intégrante du territoire national tchadien.

Avant que ce différend territorial n'ait été tranché de manière pacifique par la Cour Internationale de Justice de la Haye, une juridiction permanente onusienne, le Tchad et la Libye se sont disputés pendant plusieurs années cette région en recourant aux armes.

Le GONUBA qui a duré seulement un mois a coûté environ $67,000 aux Nations Unies.

CONCLUSION

Ce document introductif ainsi que ce dossier dans son ensemble démontrent l'attention et l'intérêt que les Nations Unies ont toujours accordé aux crises d'Afrique centrale, tant en matière de prévention et de règlement des conflits que dans le domaine des opérations de maintien de la paix. Il en ressort également que l'Organisation entretient une étroite collaboration avec les pays membres de la CEEAC. La communauté sous-régionale, qui depuis de nombreuses années se tourne régulièrement vers les Nations Unies, vise à développer des mesures de confiance et à promouvoir des rapports pacifiques entre ses pays membres.

Le Comité Consultatif Permanent des Nations Unies sur les Questions de Sécurité en Afrique centrale constitue le cadre privilégiè de l'elaboration et de la mise en oeuvre des initiatives des pays de la sous-région pour épargner à leurs populations les couséquences désastreures de nouveaux conflits armés. Aussi, convient il de souliguer la nécessité de soutenir et de renforcer les activités du Comité Consultatif Permanent afin d'accroître les chances de promouvoir une paix et un développement durables en Afrique centrale.

New York, décembre 1997

Faits essentiels sur le
Comité consultatif permanent des Nations Unies
sur les questions de sécurité en Afrique centrale

"... la paix et la sécurité, en Afrique centrale comme ailleurs, ne peuvent être imposées de l'extérieur. La responsabilité première en revient aux dirigeants des pays concernés.

L'Assemblée générale des Nations Unies ne s'est pas trompée lorsqu'elle a vu dans votre Comité un instrument essentiel de construction de la paix et de la confiance entre vos Etats.

Au nom de l'Organisation des Nations Unies, je veux ici, solennellement, vous réaffirmer notre parfait soutien et notre entière coopération."

Kofi A. Annan
secrétaire général des Nations Unies
7 juillet 1997

Qu'est-ce que le Comité consultatif permanent?

Le Comité consultatif permanent est un groupement sous-régional de 11 Etats membres des Nations Unies qui sont également membres de la Communauté économique des Etats de l'Afrique centrale (CEEAC). Il a été créé pour élaborer des mesures propres à renforcer la confiance et pour promouvoir la limitation des armements et le développement de la sous-région de l'Afrique centrale. Il a été conçu comme un instrument de diplomatie préventive, visant à éviter les conflits au sein et entre ses Etats membres.

Le Comité a été créé par le Secrétaire général des Nations Unies le 28 mai 1992 en réponse à la résolution 46/37 B de l'Assemblée générale. Aux termes de cette résolution, l'Assemblée soutient et encourage les efforts visant à faire progresser le désarmement et la non-prolifération aux niveaux régional et sous-régional, et accueille avec satisfaction l'initiative prise par les Etats membres de la Communauté économique des Etats de l'Afrique centrale recommandant la création d'un tel comité.

Comment le Comité est-il organisé?

Le Comité se réunit deux fois par an : à chaque occasion, il se réunit d'abord au niveau des experts, avec de hauts responsables militaires et civils, puis au niveau ministériel, avec la participation des ministres de la défense et des affaires étrangères. Il se réunit également au niveau des chefs d'Etat et de gouvernement.

La direction du Comité est exercée par un Bureau élu composé d'un Président, de deux Vice-Présidents et d'un Rapporteur. Les membres actuels de ce bureau, élus lors de la Neuvième réunion ministérielle, en juillet 1997 à Libreville, sont les suivants : Président : Gabon; Premier Vice-Président : Angola; Deuxième Vice-Président : Tchad; Rapporteur : Burundi. M. Sammy Kum Buo, du Bureau des affaires de désarmement au Département des affaires politiques du Secrétariat des Nations Unies, est le Secrétaire du Comité.

Qui d'autre participe aux travaux du Comité?

Le Comité a adopté les principes suivants concernant la présence d'observateurs à ses réunions :

1.   Pour ce qui concerne les organismes d'intégration économique sous-régionale et l'Organisation de l'Unité africaine (OUA), le Comité leur accorde le statut d'observateur permanent.

2.   Les autres Etats membres de l'ONU, les organisations internationales et les organisations non gouvernementales, les établissements de recherche, ainsi que toutes personnes physiques ou morales concernées par la promotion de la paix et de la sécurité internationales peuvent participer aux réunions du Comité sur leur demande et après accord du Bureau du Comité.

3.   Par ailleurs, le Comité peut inviter en qualité d'expert et de consultant, en cas de besoin, toute personne physique ou morale à participer à ses réunions.

Que fait le Comité?

Programme de travail

L'objectif principal du Comité est d'élaborer, d'adopter et de mettre en oeuvre des mesures de confiance spécifiques pour la sous-région. A sa première session, tenue à Yaoundé, en juillet 1992, il a décidé de mettre l'accent sur les mesures telles que :

Mesures en cours ou à court terme : Diplomatie préventive
●   Adhésion par tous les Etats de la sous-région aux instruments juridiques internationaux sur la limitation des armements et le désarmement.

●   Encouragement et promotion de la politique de rapatriement volontaire des réfugiés avec la mise sur pied des modalités pratiques de leur réinsertion sociale en tant que facteur humanitaire du renforcement de la confiance.
●   Conclusion au plan sous-régional d'un pacte de Non Agression. L'adoption à l'unanimité du pacte de Non Agression en septembre 1993 à Libreville (Gabon) a mis fin aux travaux sur ce point. La signature solennelle dudit pacte par les chefs d'Etat et de gouvernement a eu lieu le 8 juillet 1996 à Yaoundé (Cameroun).
●   Organisation de rencontres périodiques conjointes des ministres de la défense, de l'intérieur et des affaires étrangères, ainsi que des chefs d'état-major des forces armées et des forces de polices de la sous-région.
●   Etablissement et renforcement de la transparence dans les activités militaires : notification préalable aux autres Etats de la sous-région des manoeuvres militaires de tout Etat, et invitation aux autres Etats de la sous-région à observer de telles manoeuvres.
●   Renoncement par tous les Etats de la sous-région à la production, à l'acquisition ou au transfert des armes de destruction massive, telles que les armes nucléaires, chimiques et biologiques.

Construction de la paix
●   Le renforcement et la consolidation du processus de démocratisation et la promotion du respect des droits de l'homme et de la primauté du droit dans chaque Etat de la sous-région.
●   Etablissement dans chaque Etat membre d'un mécanisme pour la gestion des crises.
●   Implication accrue de la société civile et de la population tout entière dans la poursuite des idéaux de paix, de sécurité et de développement dans la sous-région.

●   Sensibilisation des candidats à l'émigration ou à l'immigration aux lois et cultures des pays d'accueil, et intensification de la coopération dans les domaines de l'émigration et de l'immigration par

l'élaboration ou la mise en oeuvre d'une législation sous-régionale relative au mouvement de personnes.
- Intensification de la coopération et des échanges dans les domaines de l'information, de la culture et de l'éducation.
- Echange de délégations militaires.
- Elaboration de mesures concrètes destinées à favoriser un accord sur la réduction pondérée et progressive des forces, des équipements et des budgets militaires des Etats de la sous-région.
- Assistance à la restructuration des armées et à la reconversion des ressources militaires.

Rétablissement et maintien de la paix
- Création d'un mécanisme permanent interétatique pour la gestion et la prévention des crises et conflits.
- Développement de la coopération afin de renforcer la formation des personnels militaires et civils au maintien de la paix et aux autres opérations de promotion de la paix.

Conformité et vérification
- Les mesures de confiance et de sécurité énoncées ci-dessus seront assorties de formes adéquates de vérification.

Mesures à long terme :
Diplomatie préventive
- Intensification de la présence diplomatique effective de chaque Etat dans tous les autres pays de la sous-région.
- Renforcement de la coopération sous-régionale dans le domaine de la formation militaire.
- Organisation de manoeuvres et d'exercices militaires conjoints et de patrouilles mixtes.
- Entraînement, au plan sous-régional, à la conduite des opérations d'assistance humanitaire d'urgence.
- Etablissement d'unités pour les opérations de paix au sein des forces armées de chaque Etat membre.

Construction de la paix
- Développement de la coopération transfrontière par la création de marchés frontaliers, l'intensification des contacts entre autorités frontalières et le lancement de projets communs de développement économique dans les zones frontalières.
- Développement des moyens de transport et de communication entre Etats de la sous-région.
- Création de zones démilitarisées et de zones de paix.

Quelques décisions récentes du Comité

1. La promotion d'un accord sur la réduction pondérée et progressive des forces, des équipements et des budgets militaires des Etats membres.

2. La promotion de l'établissement d'un mécanisme permanent interétatique pour la gestion et la prévention des crises et conflits.

3. La création des unités spécialisées sur les opérations de maintien de la paix au sein des formes armées respectives des Etats membres.

4. La participation plus active aux opérations de maintien de la paix et autres opérations humanitaires et de paix organisées sous les auspices de l'OUA et/ou des Nations Unies.

5. Le renforcement des efforts sous-régionaux de lutte contre le transfert et l'acquisition illicites d'armes et de drogue.

6. La promotion de programmes de recyclage et de réinsertion dans la vie civile de soldats et d'éléments de milice démobilisés dans les pays de la sous-région.

Qu'est-ce que le Comité a accompli?

1. Depuis sa création en 1992, le Comité a négocié et conclu avec succès un Pacte de Non Agression entre ses Etats membres. Ce pacte a été officiellement signé jusqu'ici par neuf des onze Etats membres. Il vise à prévenir tout futur conflit interétatique et à renforcer la confiance et la coopération entre les Etats membres.

2. Le Comité a dressé un inventaire des sources de conflits internes et interétatiques dans la sous-région. Ce document énumère les sources potentielles de crise, en vue de faciliter les efforts de prévention.

3. Le 8 juillet 1996, à Yaoundé, les Etats membres ont tenu leur premier sommet consacré à l'examen de la question de la sécurité en Afrique centrale et à la signature du Pacte de Non Agression. Ils ont également adopté une déclaration finale aux termes de laquelle ils se sont engagés à mettre en oeuvre des mesures concrètes aux échelons interne et interétatique pour promouvoir les perspectives de renforcement de la confiance et d'a paix durables. Les chefs d'Etat et de gouvernement sont également convenus de se réunir périodiquement pour examiner les questions de paix et de sécurité dans la sous-région et, à cet égard, ils ont tenu un sommet extraordinaire à Brazzaville les 2 et 3 décembre 1996 pour discuter des diverses crises qui déchirent la région des Grands Lacs, notamment de la situation qui prévalait alors dans l'ex-Zaïre. L'idée de rencontres régulières au sommet a été accueillie comme une mesure constructive de renforcement de la confiance, car de telles réunions offrent des occasions précieuses aux dirigeants, même à ceux dont les pays peuvent être en conflit, d'engager ou de renforcer le dialogue afin de résoudre leurs différends par des moyens pacifiques.

4. En septembre 1996, grâce à un don du Gouvernement japonais, le Comité a organisé à Yaoundé le premier séminaire de formation sur les opérations de paix à l'intention des hautes personnalités militaires et civiles des 11 Etats membres du Comité. L'objectif était de lancer un programme en vue de renforcer la capacité des Etats de l'Afrique centrale à participer plus activement à l'avenir aux opérations de paix des Nations Unies et/ou de l'OUA, notamment dans la sous-région.

5. Le Comité a lancé un appel de fonds pour mobiliser les ressources nécessaires en vue de l'établissement et du fonctionnement d'un mécanisme d'alerte rapide pour l'Afrique centrale. Ce mécanisme, que les dirigeants de l'Afrique centrale ont décidé d'établir à Libreville, sera financé au moyen de contributions volontaires.

> "L'ONU a beaucoup parlé des armes classiques. L'heure n'a-t-elle pas sonné maintenant de prendre, dans ce domaine, quelques mesures concrètes et vérifiables ? Il est indispensable d'adopter davantage de mesures de confianoe, en particulier au niveau régional.
>
> J'appuie pleinement, par exemple, les travaux du Comité consultatif permanent sur les questions de sécurité en Afrique centrale, qui intéressent un groupe de onze Etats dont le traité de non agression devrait être un modèle de mesure de confiance régionale. J'aimerais entendre vos idées et vos suggestions à ce sujet."
>
> **Boutros Boutros-Ghali**
> **secrétaire général des Nations Unies**
> **Genève, le 12 janvier 1994**

Profils des Etats de l'Afrique centrale*

Angola

Données générales

Adhésion à l'ONU :	1er décembre 1976
Population :	11 072 000 (est. de 1995)
Superficie :	1 246 700 km²
Etats frontaliers :	Congo, Namibie, Zaïre, Zambie
Langue(s) officielle(s) :	Portugais
Monnaie :	Le nouveau kwanza (NKz)

Indicateurs économiques

PIB ($ millions) :	5 954 (1991)
PIB (par habitant, en $) :	625 (1991)

Indicateurs sociaux

Taux d'accroissement de la population (% annuel) : 3,7 (1990/95)
Groupe d'âge de 0-14 ans (%) : 47,1 (1990/95)
Groupe d'âge de 60+ ans (femmes/hommes, %) : 2,5/2,1 (1990/95)
Espérance de vie à la naissance
(femmes/hommes, années) : 48/45 (1990/95)
Taux de mortalité infantile (pour 1 000 naissances) : 124 (1990/95)
Réfugiés : 11 000 (1990/95)

Principales ressources

Pétrole, diamant, minerai de fer, phosphate, cuivre, feldspath, or, bauxite, uranium.

Burundi

Données générales

Adhésion à l'ONU :	18 septembre 1962
Population :	6 343 000 (est. de 1995)
Superficie :	27 834 km²
Etats frontaliers :	Rép. dém. du Congo, Rwanda, Tanzanie
Langue(s) officielle(s) :	Kirundi, français
Monnaie :	Franc burundi

Indicateurs économiques

PIB ($ millions) :	1 170 (1991)
PIB (par habitant, en $) :	207 (1991)

Indicateurs sociaux

Taux d'accroissement de la population (% annuel) : 2,9 (1990/95)
Groupe d'âge de 0-14 ans (%) : 46,3 (1990/95)
Groupe d'âge de 60+ ans (femmes/hommes, %) : 2,6/1,8 (1990/95)
Espérance de vie à la naissance
(femmes/hommes, années) : 50/46 (1990/95)
Taux de mortalité infantile (pour 1 000 naissances) : 106 (1990/95)
Réfugiés : 271 700 (1990/95)

Principales ressources

Nickel, uranium, oxydes rares, tourbe, cobalt, cuivre, platine (non encore exploité), vanadium.

Cameroun

Données générales

Adhésion à l'ONU :	20 septembre 1960
Population :	13 275 000
Superficie :	475 442 km²
Etats frontaliers :	Congo, Gabon, Guinée équatoriale, Nigéria, République centrafricaine, Tchad
Langue(s) officielle(s) :	Anglais, français
Monnaie :	Franc CFA

Indicateurs économiques

PIB ($ millions) :	12 788 (1991)
PIB (par habitant, en $) :	1 079 (1991)

Indicateurs sociaux

Taux d'accroissement de la population (% annuel) : 2,8 (1990/95)
Groupe d'âge de 0-14 ans (%) : 44,0 (1990/95)
Groupe d'âge de 60+ ans (femmes/hommes, %) : 3,0/2,5 (1990/95)
Espérance de vie à la naissance
(femmes/hommes, années) : 58/55 (1990/95)
Taux de mortalité infantile (pour 1 000 naissances) : 63 (1990/95)
Réfugiés : 42 200 (1990/95)

Principales ressources

Pétrole, bauxite, minerai de fer, bois, potentiel hydroélectrique

Congo

Données générales

Adhésion à l'ONU :	20 septembre 1960
Population :	2 590 000
Superficie :	342 000 km²
Etats frontaliers :	Angola, Cameroun, Gabon, Rép. centrafricaine, Rép. dém. du Congo, Soudan
Langue(s) officielle(s) :	Français
Monnaie :	Franc CFA

Indicateurs économiques

PIB ($ millions) :	2 909 (1991)
PIB (par habitant, en $) :	1 266 (1991)

Indicateurs sociaux

Taux d'accroissement de la population (% annuel) : 3,0 (1990/95)
Groupe d'âge de 0-14 ans (%) : 45,7 (1990/95)
Groupe d'âges de 60+ ans (femmes/hommes, %) : 2,8/2,3 (1990/95)
Espérance de vie à la naissance
(femmes/hommes, années) : 54/49 (1990/95)
Taux de mortalité infantile (pour 1 000 naissances) : 82 (1990/95)
Réfugiés : 9 500 (1990/95)

Principales ressources

Pétrole, bois, potasse, plomb, zinc, uranium, cuivre, phosphates, gaz naturel.

* Informations tirées de World Statistics Pocketbook 1995, publication des Nations Unies, (n° de vente E.95.XVII.7) et autres publications.

Gabon

Données générales
Adhésion à l'ONU : 20 septembre 1960
Population : 1 367 000 (est. de 1995)
Superficie : 267 667 km²
Etats frontaliers : Cameroun, Congo, Guinée équatoriale
Langue(s) officielle(s) : Français
Monnaie : Franc CFA

Indicateurs économiques
PIB ($ millions) : 4 438 (1991)
PIB (par habitant, en $) : 3 708 (1991)

Indicateurs sociaux
Taux d'accroissement de la population (% annuel) : 3,3 (1990/95)
Groupe d'âge de 0-14 ans (%) : 35,9 (1990/95)
Groupe d'âge de 60+ ans (femmes/hommes, %) : 5,0/4,0 (1990/95)
Espérance de vie à la naissance
(femmes/hommes, années) : 55/52 (1990/95)
Taux de mortalité infantile (pour 1 000 naissances) : 94 (1990/95)
Réfugiés : 300 (1990/95)

Principales ressources
Pétrole, manganèse, uranium, or, bois, minerai de fer.

Guinée équatoriale

Données générales
Adhésion à l'ONU : 12 novembre 1968
Population : 400 000 (1995)
Superficie : 28 051 km²
Etats frontaliers : Cameroun, Gabon
Langue(s) officielle(s) : Espagnol
Monnaie : Franc CFA

Indicateurs économiques
PIB ($ millions) : 165 (1991)
PIB (par habitant, en $) : 457 (1991)

Indicateurs sociaux
Taux d'accroissement de la population (% annuel) : 2,6 (1990/95)
Groupe d'âge de 0-14 ans (%) : 43,3 (1990/95)
Groupe d'âge de 60+ ans (femmes/hommes, %) : 3,8/2,8 (1990/95)
Espérance de vie à la naissance
(femmes/hommes, années) : 50/46 (1990/95)
Taux de mortalité infantile (pour 1 000 naissances) : 117 (1990/95)
Réfugiés : --

Principales ressources
Bois, pétrole, petits gisements d'or inexploités, manganèse, uranium.

-- Données non connues ou sans objet

République centrafricaine

Données générales
Adhésion à l'ONU : 20 septembre 1960
Population : 3 429 000
Superficie : 622 984 km²
Etats frontaliers : Cameroun, Rép. dém. du Congo, Soudan, Tchad
Langue(s) officielle(s) : Français
Monnaie : Franc CFA

Indicateurs économiques
PIB ($ millions) : 1 443 (1991)
PIB (par habitant, en $) : 467 (1991)

Indicateurs sociaux
Taux d'accroissement de la population (% annuel) : 2,6 (1990/95)
Groupe d'âge de 0-14 ans (%) : 45,2 (1990/95)
Groupe d'âge de 60+ ans (femmes/hommes, %) : 3,3/2,5 (1990/95)
Espérance de vie à la naissance
(femmes/hommes, années) : 49/45 (1990/95)
Taux de mortalité infantile (pour 1 000 naissances) : 105 (1990/95)
Réfugiés : 19 000 (1990/95)

Principales ressources
Diamants, uranium, bois, or, pétrole.

République démocratique du Congo

Données générales
Adhésion à l'ONU : 20 septembre 1960
Population : 43 814 000 (1995)
Superficie : 2 344 858 km²
Etats frontaliers : Angola, Burundi, Congo, Ouganda, Rép. centrafricaine, Rwanda, Soudan, Zambie
Langue(s) officielle(s) : Français
Monnaie : Zaïre

Indicateurs économiques
PIB ($ millions) : 3 594 (1991)
PIB (par habitant, en $) : 93 (1991)

Indicateurs sociaux
Taux d'accroissement de la population (% annuel) : 3,2 (1990/95)
Groupe d'âge de 0-14 ans (%) : 48,1 (1990/95)
Groupe d'âge de 60+ ans (femmes/hommes, %) : 2,6/2,0 (1990/95)
Espérance de vie à la naissance
(femmes/hommes, années) : 53/50 (1990/95)
Taux de mortalité infantile (pour 1 000 naissances) : 93 (1990/95)
Réfugiés : 391 100 (1990/95)

Principales ressources
Cobalt, cuivre, cadmium, pétrole, diamants (à usage industriel et pierres précieuses), or, argent, zinc, manganèse, étain, germanium, uranium, radium, bauxite, minerai de fer, charbon, potentiel hydroélectrique.

Rwanda

Données générales

Adhésion à l'ONU :	18 septembre 1962
Population :	8 330 000 (est. de 1995)
Superficie :	26 338 km²
Etats frontaliers :	Burundi, Ouganda, République démocratique du Congo, Tanzanie
Langue(s) officielle(s) :	Kinyarwanda, français, anglais
Monnaie :	Franc rwandais

Indicateurs économiques

PIB ($ millions) :	1 701 (1991)
PIB (par habitant, en $) :	234 (1991)

Indicateurs sociaux

Taux d'accroissement de la population (% annuel) : 3,4 (1990/95)
Groupe d'âge de 0-14 ans (%) : 49,8 (1990/95)
Groupe d'âge de 60+ ans (femmes/hommes, %) : 2,0/1,7 (1990/95)
Espérance de vie à la naissance
(femmes/hommes, années) : 48/45 (1990/95)
Taux de mortalité infantile (pour 1 000 naissances) : 110 (1990/95)
Réfugiés : 25 200 (1990/95)

Principales ressources

Or, cassitérite (minerais d'étain), wolframite (minerai de tungstène), gaz naturel, énergie hydroélectrique.

São Tomé et Principe

Données générales

Adhésion à l'ONU :	16 septembre 197568
Population :	97 000 (est. de 1995)
Superficie :	964 km²
Etats frontaliers :	
Langue(s) officielle(s) :	Portugais
Monnaie :	Dobra

Indicateurs économiques

PIB ($ millions) :	45 (1991)
PIB (par habitant, en $) :	373 (1991)

Indicateurs sociaux

Taux d'accroissement de la population (% annuel) :   --
Groupe d'âge de 0-14 ans (%) : 46,3 (1980)
Groupe d'âge de 60+ ans (femmes/hommes, %) : 3,9/3,2 (1981)
Espérance de vie à la naissance
(femmes/hommes, années) : --
Taux de mortalité infantile (pour 1 000 naissances) : 72 (1990/95)
Réfugiés : --

Principales ressources

Poisson.

-- Données non connues ou sans objet

Tchad

Données générales

Adhésion à l'ONU :	20 septembre 1960
Population :	6 361 000
Superficie :	1 284 000 km²
Etats frontaliers :	Cameroun, Libye, Niger, Nigéria, Rép. centrafricaine, Soudan
Langue(s) officielle(s) :	Français, arabe
Monnaie :	Franc CFA

Indicateurs économiques

PIB ($ millions) :	1 290 (1991)
PIB (par habitant, en $) :	227 (1991)

Indicateurs sociaux

Taux d'accroissement de la population (% annuel) : 2,7 (1990/95)
Groupe d'âge de 0-14 ans (%) : 43,4 (1990/95)
Groupe d'âge de 60+ ans (femmes/hommes, %) : 3,1/2,5 (1990/95)
Espérance de vie à la naissance
(femmes/hommes, années) : 49/46 (1990/95)
Taux de mortalité infantile (pour 1 000 naissances) : 122 (1990/95)
Réfugiés : --

Principales ressources

Pétrole (inexploité, mais l'exploration a commencé), uranium, natron, kaolin, poisson (lac Tchad).

-- Données non connues ou sans objet

Maintien de la paix des Nations Unies et autres missions de paix des Nations Unies en Afrique centrale*

ANGOLA

■ UNAVEM I
Mission de vérification des Nations Unies en Angola I

Durée : Janvier 1989 - 25 mai 1991
Emplacement : Angola
Quartier général : Luanda
Effectif : 70 observateurs militaires, assistés par des civils (personnel international et local)
Pertes en vies humaines : Aucune
Coût de la mission : $ 16 404 200
Autorisation : S/RES/626 du 20 décembre 1988
Fonction : Mise en place pour vérifier le redéploiement des troupes cubaines vers le nord et leur retrait échelonné et total du territoire de l'Angola, conformément au calendrier convenu entre l'Angola et Cuba.

■ UNAVEM II
Mission de vérification des Nations Unies en Angola II

Durée : 30 mai 1991 - février 1995
Emplacement : Angola
Quartier général : Luanda
Effectif : 350 observateurs militaires, 126 observateurs de police, environ 80 civils (personnel international), 155 agents locaux et 400 observateurs des élections (effectif maximal)
Pertes en vies humaines : 5 (2 observateurs militaires, un autre militaire, un observateur de police et un civil (personnel international)
Coût de la mission : $ 175 802 600
Représentant spécial du Secrétaire général et chef de la mission : M. Alioune Blondin Beye (Mali)
Principal observateur militaire : Général de division Chris Abutu Garuba (Nigéria)
Autorisation : S/RES/696 du 30 mai 1991
Fonction : Etablie pour vérifier les arrangements convenus par les parties angolaises concernant la surveillance du cessez-le-feu et de la police angolaise pendant la période du cessez-le-feu, et observer et vérifier les élections, conformément aux accords de paix signés par le Gouvernement angolais et l'União Nacional para a Independência Total de Angola (UNITA). Bien que les Nations Unies aient vérifié que les élections tenues en septembre 1992 avaient été libres et équitables dans l'ensemble, l'UNITA en a contesté les résultats. Après la reprise des combats en octobre 1992 entre le Gouvernement et les forces de l'UNITA, le mandat d'UNAVEM II a été modifié pour aider les deux parties à s'entendre sur les modalités permettant de mener à bien le processus de paix et, parallèlement, pour négocier des cessez-le-feu, au niveau national ou local, et aider à les appliquer. A la suite de la signature par le Gouvernement angolais et l'UNITA du Protocole de Lusaka, le 20 novembre 1994, l'UNAVEM II a contrôlé le déroulement de la phase initiale du processus de paix.

■ UNAVEM III
Mission de vérification des Nations Unies en Angola III

Durée : février 1995 - 30 juin 1997
Emplacement : Angola
Quartier général : Luanda
Effectif autorisé : 350 observateurs militaires, 7 000 soldats et personnel militaire d'appui, 260 observateurs de police, 336 civils (personnel international), 343 agents locaux et 68 volontaires des Nations Unies.
Effectif (au 30 juin 1997) : 283 observateurs militaires, 3 649 soldats et 288 membres de la police civile

---

* Informations émanant du Département de l'information du Secrétariat des Nations Unies.

Pertes en vies humaines : 32
Coût de la mission : $ 887 196 700
Représentant spécial du Secrétaire
général et chef de la mission :
M. Alioune Blondin Beye (Mali)
Commandant de la force : Général de
division Phillip Valerio Sibanda (Zimbabwe)
Autorisation : S/RES/976 du 8 février 1995
Fonction : Mise en place pour aider le
Gouvernement angolais et l'UNITA à rétablir
la paix et à réaliser la réconciliation nationale
sur la base des « Accordos de Paz » signés le
31 mai 1991, du Protocole de Lusaka signé le
20 novembre 1994 et des résolutions
pertinentes du Conseil de sécurité. Le
mandat d'UNAVEM III comporte notamment
les aspects suivants : fournir bons offices et
médiation aux parties angolaises; contrôler et
vérifier l'extension de l'administration publique
à l'ensemble du pays et le processus de
réconciliation nationale; superviser, contrôler
et vérifier le dégagement des forces et
contrôler le cessez-le-feu; vérifier les
informations reçues du Gouvernement et de
l'UNITA concernant leurs forces et tous les
mouvements de troupe; faciliter la création de
zones de cantonnement; vérifier le retrait, le
cantonnement et la démobilisation des forces
de l'UNITA; superviser le rassemblement et le
stockage des armes de l'UNITA; vérifier le
cantonnement des forces armées angolaises
(FAA) et l'achèvement de la mise en place
des FAA; vérifier la libre circulation des
personnes et des marchandises; vérifier et
contrôler la neutralité de la police nationale
angolaise, le désarmement des civils, le
cantonnement de la police de réaction rapide
et les mesures de sécurité prises pour les
chefs de l'UNITA; coordonner, faciliter et
soutenir les activités humanitaires
directement liées au processus de paix, et
participer aux activités de déminage; déclarer
officiellement que toutes les conditions
essentielles pour la tenue du deuxième tour
des élections présidentielles ont été réunies;
et appuyer, vérifier et contrôler le processus
électoral.

■ MONUA
Mission d'observation des Nations Unies en Angola

Durée : Depuis juillet 1997
Emplacement : Angola
Quartier général : Luanda
Effectif autorisé : 193 soldats du contingent,
86 observateurs militaires et
345 observateurs de police civile, appuyés
par quelque 310 civils (personnel
international).
Effectif actuel : 3 568 (avec la réduction
progressive de l'effectif d'UNAVEM III)
Représentant spécial du Secrétaire
général et chef de la mission :
M. Alioune Blondin Beye (Mali)
Commandant de la force : Général de
division Phillip Valerio Sibanda (Zimbabwe)
Autorisation : S/RES/1118 du 30 juin 1997
Fonction : Etablie pour faire suite à la
mission UNAVEM III, la MONUA a pour
mandat d'aider les parties angolaises à
consolider la paix et la réconciliation
nationale, à renforcer la confiance et à
instaurer un climat propice à la stabilité, à
l'évolution démocratique et au relèvement à
long terme du pays. Le mandat initial de la
MONUA courait jusqu'au 31 octobre 1997 et il
était par la suite renouvelé juqu'auf 31
janvier 1998. La MONUA doit oeuvrer pour
l'achèvement du processus de
démobilisation, l'intégration des anciens
combattants de l'UNITA dans les forces
armées angolaises (FAA) et la police
nationale angolaise, l'intégration du personnel
de l'UNITA à tous les niveaux de
l'administration publique, l'élimination de tous
les obstacles à la libre circulation des
personnes et des biens, ainsi que le
désarmement de la population civile.

BURUNDI

■ Représentant spécial pour le Burundi

Le 17 novembre 1993, le Secrétaire général Boutros Boutros-Ghali a désigné M. Ahmedou Ould Abdallah, de nationalité mauritanienne, Représentant spécial pour le Burundi. M. Abdallah a exercé ses fonctions jusqu'en octobre 1995. M. Marc Faguy, de nationalité canadienne, qui lui a succédé, a servi de janvier 1996 à février 1997. M. Cheikh Tidiane Sy, de nationalité sénégalaise, est l'actuel Directeur.

REPUBLIQUE CENTRAFRICAINE

■ MISAB**
Mission interafricaine chargée de surveiller l'appication des Accords de Bangui

Le 25 janvier 1997, les efforts de médiation menés par un groupe de pays africains composés du Burkina Faso, du Gabon, du Mali et du Tchad, en vue de faciliter le retour de la paix et de la sécurité en République centrafricaine, a abouti à la signature des Accords dits de Bangui, qui prévoyaient le déploiement d'une Mission interafricaine chargée de surveiller l'application desdits accords (MISAB). Cette force est constituée d'environ 800 troupes provenant du Burkina Faso, du Gabon, du Mali, du Sénégal, du Tchad et du Togo. Bien que la MISAB ne soit pas une opération initiée par les Nations Unies, le Conseil de Sécurité l'a approuvée et soutenue à travers ses résolutions S/Res/1125 du 6 août 1997 et S/Res/1136 du 6 novembre 1997. Le 4 décembre 1997, une équipe multi-sectorielle des Nations Unies composée de fonctionnaires des Départements des Affaires politiques et des Opérations de maintien de la paix, ainsi que de représentants du PNUD et du HCR ont visité la République Centrafricaine pour évaluer les progrès réalisés dans l'application des Accords de Bangui et déterminer les mesures

---

** Bien que la MISAB ne soit pas une opération initiée par les Nations Unies, le Conseil de Sécurité l'a approuvée et soutenue à travers ses résolutions S/Res/1125 et S/Res/1136.

supplémentaires à prendre pour y consolider la paix et la sécurité.

REPUBLIQUE DEMOCRATIQUE DU CONGO

■ ONUC
Opération des Nations Unies au Congo

Durée : Juillet 1960 - juin 1964
Emplacement : République démocratique du Congo
Quartier général : Léopoldville (aujourd'hui Kinshasa)
Effectif : 19 828 militaires, assistés par du personnel civil recruté sur le plan international et localement.
Pertes en vies humaines : 250 (245 militaires et 5 civils membres du personnel international)
Coûts de la mission : $ 400 130 793
Autorisation : S/RES/143 du 14 juillet 1960
Fonction : Initialement établie pour assurer le retrait des forces belges, aider le Gouvernement à rétablir l'ordre public et fournir une assistance technique. Le mandat de l'ONUC a été ultérieurement modifié pour permettre d'assurer le maintien de l'intégrité territoriale et de l'indépendance politique du Congo, de prévenir la guerre civile et d'assurer le retrait de tous les conseillers et agents des forces militaires et paramilitaires étrangers ne relevant pas des Nations Unies, ainsi que de tous les mercenaires.

■ Représentant spécial pour la région des Grands Lacs

En janvier 1997, le Secrétaire général Kofi Annan a nommé M. Mohamed Sahnoun, de nationalité algérienne, en qualité de représentant spécial des Nations Unies/de l'Organisation de l'unité africaine (OUA) pour la région des Grands Lacs. A ce titre, M. Sahnoun a notamment représenté le Secrétaire général de l'ONU et le Secrétaire général de l'OUA dans les efforts de paix liés aux crises de 1996/97 dans l'ex-Zaïre, aujourd'hui République démocratique du Congo.

RWANDA

■ MONUOR
Mission d'observation des Nations Unies Ouganda-Rwanda

Durée : Juin 1993 - octobre 1993 (officiellement close le 21 septembre 1994)

Emplacement : Côté ougandais de la frontière entre l'Ouganda et le Rwanda

Quartier général : Kabale (Ouganda)

Effectif : 81 observateurs militaires, assistés par du personnel civil international et local.

Pertes en vies humaines : Aucune

Coût estimatif de la mission (de sa création au 21 décembre 1993) : $ 2 298 500 *(après cette date, les coûts relatifs à la MONUOR ont été intégrés dans les coûts de la MINUAR)*

Autorisation : S/RES/846 du 22 juin 1993

Fonction : Observer la frontière entre l'Ouganda et le Rwanda, et vérifier qu'aucune aide militaire (armes meurtrières, munitions ou tout autre matériel pouvant être utilisé à des fins militaires) ne parvienne au Rwanda.

■ MINUAR
Mission des Nations Unies pour l'assistance au Rwanda

Durée : Octobre 1993 - mars 1996

Emplacement : Rwanda

Quartier général : Kigali

Effectif maximal autorisé : environ 5 500 militaires, dont environ 5 200 hommes et personnel d'appui, et 320 observateurs militaires et 120 policiers civils; également prévus : civils recrutés sur le plan international et localement.

Pertes en vies humaines : 26 (3 observateurs militaires, 22 autres militaires et un membre de la police civile)

Coût de la mission (de sa création au 19 avril 1996) : 437 430 100 dollars

Représentant spécial du Secrétaire général et chef de mission : M. Shaharyar M. Khan (Pakistan) a succédé à M. Jacques-Roger Booh-Booh (Cameroun) qui avait exercé ses fonctions d'octobre 1993 à juin 1994.

Commandant de la force : Le Général de division Guy Tousignant (Canada), qui a succédé au Général de division Romeo A. Dallaire (Canada), qui avait exercé ses fonctions d'octobre 1993 à août 1994.

Autorisation : S/RES/872 du 5 octobre 1993

Fonction : Créée à l'origine pour aider à appliquer l'Accord de paix d'Arusha signé par les parties rwandaises le 4 août 1993. Le mandat initial de la MINUAR était de contribuer à assurer la sécurité de la ville de Kigali; superviser l'accord de cessez-le-feu appelant à la délimitation d'une nouvelle zone démilitarisée ainsi qu'à la définition d'autres procédures de démobilisation; superviser les conditions de la sécurité générale pendant la phase finale du mandat du gouvernement de transition jusqu'aux élections; aider au déminage; et aider à coordonner les activités d'aide humanitaire menées de concert avec les opérations de secours. Après la reprise des combats en avril 1994, le mandat de la MINUAR a été modifié et étendu par la résolution 918 du 17 mai 1994 du Conseil de sécurité de manière à lui permettre de faire fonction d'intermédiaire entre les parties rwandaises et d'obtenir leur accord à un cessez-le-feu; faciliter la reprise des opérations de secours humanitaire dans la mesure du possible; et suivre l'évolution de la situation au Rwanda, y compris en ce qui concerne la sécurité des civils qui avaient cherché refuge auprès de la MINUAR. Après une nouvelle détérioration de la situation au Rwanda, le mandat de la MINUAR a été élargi pour lui permettre de contribuer à la sécurité et à la protection des réfugiés et des civils en danger, notamment par l'établissement et le maintien de zones humanitaires sûres et par la mise en place de mesures de sécurité pour les opérations de secours, dans la mesure du possible. A la suite du cessez-le-feu et de l'entrée en fonction du nouveau gouvernement, les responsabilités de la MINUAR ont de nouveau été modifiées de manière à : garantir la stabilité et la sécurité dans les régions du nord-ouest et du sud-ouest du Rwanda; stabiliser et contrôler la situation dans toutes les régions du Rwanda pour favoriser le retour des populations déplacées;

assurer la sécurité et l'appui des opérations de secours à l'intérieur du Rwanda et promouvoir, par la médiation et les bons offices, la réconciliation nationale au Rwanda. La MINUAR a également contribué à assurer la sécurité du personnel du Tribunal international pour le Rwanda et des spécialistes des droits de l'homme, et aider à la mise en place et à l'instruction d'une nouvelle force de police nationale intégrée. En décembre 1995, le Conseil de sécurité a une nouvelle fois modifié le mandat de la MINUAR en mettant principalement l'accent sur les moyens de faciliter le rapatriement librement consenti des réfugiés, en toute sécurité. Le mandat de la MINUAR a pris fin le 3 mars 1996 et son retrait s'est achevé en avril de la même année.

■ Opération "Turquoise"***

Durée : 22 Juin - 21 août 1994
Emplacement : Rwanda
Poste de commandement inter-armées de théâtre: Goma, République Démocratique du Congo
Commandant : Général Lafourcade
Autorisation : S/RES/929 du 22 juin 1994
Fonction : Le 19 juin 1994, le Secrétaire général Boutros Boutros-Ghali, par lettre adressée au Président du Conseil de sécurité (S/1994/728), a recommandé que : « étant donné que les Etats membres tardaient à fournir les ressources nécessaires à la mise en oeuvre du mandat élargi de la MINUAR », défini dans la résolution 918 du 17 mai 1994 du Conseil de sécurité, le Conseil « souhaitera sans doute examiner l'offre qu'a faite le Gouvernement français d'entreprendre, sous réserve de l'autorisation du Conseil, avec d'autres Etats membres, au titre du chapitre VII de la Charte des Nations Unies, une opération multinationale sous commandement français pour assurer la sécurité et la protection des personnes déplacées et des civils en danger au Rwanda ».

Le 21 juin 1994, le Représentant permanent de la France auprès de l'Organisation des Nations Unies a adressé une lettre (S/1994/734) au Secrétaire général déclarant notamment :

"La situation humanitaire au Rwanda continue à être désastreuse, le cessez-le-feu n'est pas respecté par les parties et les massacres de populations civiles se poursuivent à grande échelle.

"... Dans ce contexte, les Gouvernements français et sénégalais sont disposés à envoyer sur place sans délai une force destinée à assurer la jonction avec l'arrivée de la MINUAR renforcée. Ils sont en contact avec d'autres Etats membres susceptibles de se joindre à l'opération. Les objectifs assignés à cette force seraient les mêmes que ceux que le Conseil de sécurité a fixés à la MINUAR, c'est-à-dire de contribuer à la sécurité et à la protection des personnes déplacées, des réfugiés et des civils en danger au Rwanda, y compris par la création et le maintien, là où il sera possible, de zones humanitaires sûres. Cet objectif est naturellement exclusif de toute intervention dans l'évolution du rapport des forces militaires entre les parties prenantes au conflit.

"Dans l'esprit de la résolution 794 (1992) du 3 décembre 1992, nos Gouvernements souhaitent disposer, comme cadre juridique de leur intervention, d'une résolution placée sous le chapitre VII de la Charte des Nations Unies leur donnant mandat d'agir jusqu'au déploiement de la MINUAR renforcée. Dans notre esprit, la force intérimaire devrait pouvoir se retirer vers le milieu du mois d'août au plus tard, après avoir passé le relais à la MINUAR, lorsque ses renforts seront déployés."

Dans sa résolution 929, adoptée le 22 juin 1994, "considérant que l'ampleur de la crise humanitaire au Rwanda constitue une menace à la paix et à la sécurité dans la région", et agissant en vertu du chapitre VII

*** Bien qu'ayant été approuvée par le Conseil de sécurité, l'opération « Turquoise » était une opération humanitaire multinationale, et non pas une mission des Nations Unies.
de la Charte, le Conseil de sécurité a autorisé

de la Charte, le Conseil de sécurité a autorisé "la mise en place d'une opération temporaire, placée sous commandement et contrôle nationaux, visant à contribuer, de manière impartiale, à la sécurité et à la protection des personnes déplacées, des réfugiés et des civils en danger au Rwanda, étant entendu que le coût de la mise en oeuvre de cette offre sera à la charge des Etats membres concernés".

Le Conseil a en outre décidé que cette mission sera limitée à une période de deux mois, à moins que le Secrétaire général ne considère avant la fin de cette période que la MINUAR renforcée en mesure d'accomplir son mandat.

Conformément à la demande du Conseil de sécurité, la France, au nom des pays participants, a soumis trois rapports au Conseil sur la mise en oeuvre de l'opération (voir documents S/1994/795 du 5 juillet 1994, S/1994/933 du 4 août 1994 et S/1994/1100 du 27 septembre 1994). Dans le troisième et dernier rapport, la France a informé le Conseil que l'opération "Turquoise", lancée le 22 juin 1994 par l'adoption de la résolution 929 du Conseil de sécurité, avait achevé sa mission le 21 août 1994.

TCHAD

■ GONUBA
Groupe d'observateurs des Nations Unies dans la Bande d'Aouzou

Durée : Mai 1994 - juin 1994
Emplacement : Bande d'Aouzou, République du Tchad
Effectif : 9 observateurs militaires et 6 civils (personnel international).
Pertes en vies humaines : Aucune
Coût de la mission : $ 67 471
Autorisation : S/RES/915 du 5 mai 1994
Fonction : Mise en place pour vérifier le départ de l'administration des forces libyennes hors de la Bande d'Aouzou, conformément à la décision de la Cour internationale de justice. Le GONUBA s'est acquitté de son mandat après que les deux parties (la République du Tchad et la

Jamahiriya arabe libyenne) ont déclaré que le retrait était achevé.

Les pays de l'Afrique centrale affectés par les mines terrestres	
Pays	**Nombre estimé de mines terrestres**
Angola	15,000,000
Burundi	N/A
Rép. Dém. du Congo	N/A
Rwanda	250,000
Tchad	70,000

Département des affaires humanitaires
le 30 octobre 1997

Personnes visées par le HCR, au 1er janvier 1997, par categorie Région: Afrique			
Les réfugiés	**Les rapatriés**	**Les déplacés internes**	**Total**
4,341,000	1,693,000	2,058,000	8,091,000

Haut Commissariat des Nations Unies
pour les réfugiés

On estime en général que l'Angola est le pays du monde qui a le nombre le plus élevé de mines terrestres par habitant.

Résolutions de l'Assemblée générale
relatives au Comité consultatif permanent
des Nations Unies sur les questions de sécurité en Afrique centrale

A/RES/46/37 B

L'Assemblée générale,

Rappelant les buts et principes de l'Organisation des Nations Unies et sa responsabilité principale dans le maintien de la paix et de la sécurité internationales conformément à la Charte des Nations Unies,

Ayant à l'esprit les principes directeurs en vue d'un désarmement général et complet adoptés à sa dixième session extraordinaire, la première consacrée au désarmement,

Rappelant également ses résolutions 43/78 H et 43/85 du 7 décembre 1988, 44/21 du 15 novembre 1989 et 45/58 M du 4 décembre 1990,

Considérant l'importance et l'efficacité des mesures de confiance prises sur l'initiative et avec la participation de tous les Etats concernés et compte tenu des caractéristiques propres à chaque région, du fait que ces mesures peuvent contribuer au désarmement régional ainsi qu'à la sécurité internationale, conformément aux principes de la Charte,

Convaincue que les ressources libérées par le désarmement, y compris le désarmement régional, peuvent être consacrées au développement économique et social et à la protection de l'environnement pour le bénéfice de tous les peuples, en particulier ceux des pays en développement,

Tenant compte du document final adopté par les Etats membres de la Communauté économique des Etats de l'Afrique centrale sur les mesures de confiance, la sécurité, le désarmement et le développement dans leur sous-région, document adopté au séminaire-atelier tenu à Yaoundé du 17 au 21 juin 1991,

1. Soutient et encourage les efforts visant à promouvoir les mesures de confiance aux niveaux régional et sous-régional afin d'atténuer les tensions régionales et de faire progresser le désarmement et la non-prolifération aux niveaux régional et sous-régional en Afrique centrale;

2. Accueille avec satisfaction l'initiative prise par les Etats membres de la Communauté économique des Etats de l'Afrique centrale en vue de promouvoir les mesures de confiance, le désarmement et le développement dans leur sous-région, notamment par la création, sous les auspices de l'Organisation des Nations Unies, d'un comité consultatif permanent chargé des questions de sécurité en Afrique centrale;

3. Remercie le Secrétaire général pour sa contribution au séminaire-atelier de Yaoundé et le prie de continuer à apporter son assistance aux Etats d'Afrique centrale pour la mise en oeuvre des recommandations et conclusions contenues dans le document final de ce séminaire-atelier, notamment en mettant sur pied le Comité consultatif permanent chargé des questions de sécurité en Afrique centrale;

4. Prie également le Secrétaire général de lui présenter à sa quarante-septième session un rapport sur l'application de la présente résolution;

5. Décide d'inscrire à l'ordre du jour

provisoire de sa quarante-septième session une question intitulée Mesures de confiance à l'échelon régional

65e séance plénière
6 décembre 1991

A/RES/47/53 F

L 'Assemblée générale,

Rappelant les buts et principes de l'Organisation des Nations Unies et sa responsabilité principale dans le maintien de la paix et de la sécurité internationales, conformément à la Charte des Nations Unies,

Ayant à l'esprit les principes directeurs en vue d'un désarmement général et complet adoptés à sa dixième session extraordinaire, la première consacrée au désarmement,

Rappelant également ses résolutions 43/78 H et 43/85 du 7 décembre 1988, 44/21 du 15 novembre 1989, 45/58 M du 4 décembre 1990 et 46/37 B du 6 décembre 1991,

Considérant l'importance et l'efficacité des mesures de confiance prises sur l'initiative et avec la participation de tous les Etats concernés et compte tenu des caractéristiques propres à chaque région, du fait que ces mesures peuvent contribuer au désarmement régional ainsi qu'à la sécurité internationale, conformément aux principes de la Charte des Nations Unies,

Convaincue que les ressources libérées par le désarmement, y compris le désarmement régional, peuvent être consacrées au développement économique et social et à la protection de l'environnement pour le bénéfice de tous les peuples, en particulier ceux des pays en développement,

Tenant compte de la création par le Secrétaire général, le 28 mai 1992, du Comité consultatif permanent chargé des questions de sécurité en Afrique centrale, dont le rôle est de promouvoir la limitation des armements, le désarmement, la non-prolifération et le développement dans la sous-région;

Tenant compte également de la nomination par le Secrétaire général d'un Secrétaire permanent du Comité consultatif permanent chargé des questions de sécurité en Afrique centrale,

1.   Prend acte du rapport du Secrétaire général sur les mesures de confiance à l'échelon régional 11/, qui porte principalement sur la réunion d'organisation du Comité consultatif permanent chargé des questions de sécurité en Afrique centrale, tenue à Yaoundé du 27 au 31 juillet 1992, sous les auspices de l'Organisation des Nations Unies;

2.   Soutient et encourage les efforts visant à promouvoir les mesures de confiance aux niveaux régional et sous-régional afin d'atténuer les tensions et de faire progresser le désarmement et la non-prolifération aux niveaux régional et sous-régional en Afrique centrale;

3.   Accueille avec satisfaction le programme de travail comportant des mesures de confiance adopté par les Etats membres de la Communauté économique des Etats de l'Afrique centrale lors de la réunion d'organisation du Comité consultatif permanent;

4.   Prie le Secrétaire général de continuer à fournir une assistance aux Etats d'Afrique centrale pour la mise en oeuvre du programme de travail du comité consultatif permanent;

5.   Prie également le Secrétaire général de lui présenter à sa quarante-huitième session un rapport sur l'application de la présente résolution;

6. **Décide** d'inscrire à l'ordre du jour provisoire de sa quarante-huitième session la question intitulée "Mesures de confiance à l'échelon régional".

88e séance plénière
15 décembre 1992

A/RES/48/76 A

L'Assemblée générale,

Rappelant les buts et principes de l'Organisation des Nations Unies et sa responsabilité principale dans le maintien de la paix et de la sécurité internationales, conformément à la Charte des Nations Unies,

Ayant à l'esprit les principes directeurs en vue d'un désarmement général et complet adoptés à sa dixième session extraordinaire, la première consacrée au désarmement,

Rappelant également ses résolutions 43/78 H et 43/85 du 7 décembre 1988, 44/21 du 15 novembre 1989, 45/58 M du 4 décembre 1990, 46/37 B du 6 décembre 1991 et 47/53 F du 15 décembre 1992,

Considérant l'importance et l'efficacité des mesures de confiance prises sur l'initiative et avec la participation de tous les Etats concernés et compte tenu des caractéristiques propres à chaque région, du fait que ces mesures peuvent contribuer au désarmement régional ainsi qu'à la sécurité internationale, conformément aux principes de la Charte,

Convaincue que les ressources libérées par le désarmement, y compris le désarmement régional, peuvent être consacrées au développement économique et social et à la protection de l'environnement pour le bénéfice de tous les peuples, en particulier ceux des pays en développement,

Tenant compte de la création par le Secrétaire général, le 28 mai 1992, du Comité consultatif permanent chargé des questions de sécurité en Afrique centrale, dont le rôle est de promouvoir la limitation des armements, le désarmement, la non-prolifération et le développement dans la sous-région,

1. **Prend acte** du rapport du Secrétaire général sur les mesures de confiance à l'échelon régional (A/48/412) qui porte sur les réunions du Comité consultatif permanent chargé des questions de sécurité en Afrique centrale tenues à Bujumbura en mars 1993 et à Libreville en août et septembre 1993;

2. **Réaffirme** son soutien aux efforts visant à promouvoir les mesures de confiance aux niveaux régional et sous-régional afin d'atténuer les tensions et de promouvoir le désarmement, la non-prolifération et la résolution pacifique des différends en Afrique centrale;

3. **Réaffirme également** son soutien au programme de travail du Comité consultatif permanent adopté à la réunion d'organisation du Comité tenue à Yaoundé du 27 au 31 juillet 1992;

4. **Accueille avec satisfaction** les résultats des réunions du Comité consultatif permanent tenues à Bujumbura et à Libreville, dont notamment l'adoption du pacte de non agression entre les Etats membres de la Communauté économique des Etats de l'Afrique centrale, pacte de nature à contribuer à la prévention des conflits et au renforcement de la confiance dans la sous-région;

5. **Prend note** de la volonté des Etats membres de la Communauté économique des Etats de l'Afrique centrale de réduire les effectifs, les équipements et les budgets militaires dans la sous-région et de réaliser une étude sur ce sujet;

6. <u>Prie</u> le Secrétaire général de continuer à fournir une assistance aux Etats d'Afrique centrale pour la mise en oeuvre du programme de travail du Comité consultatif permanent;

7. <u>Prie également</u> le Secrétaire général de lui présenter à sa quarante-neuvième session un rapport sur l'application de la présente résolution;

8. <u>Décide</u> d'inscrire à l'ordre du jour provisoire de sa quarante-neuvième session la question intitulée "Mesures de confiance à l'échelon régional".

<u>81e séance plénière</u>
<u>16 décembre 1993</u>

A/RES/49/76 C

<u>L'Assemblée générale</u>,

<u>Rappelant</u> les buts et principes de l'Organisation des Nations Unies et sa responsabilité principale dans le maintien de la paix et de la sécurité internationales, conformément à la Charte des Nations Unies,

<u>Ayant à l'esprit</u> les principes directeurs en vue d'un désarmement général et complet adoptés à sa dixième session extraordinaire, la première consacrée au désarmement,

<u>Rappelant également</u> ses résolutions 43/78 H et 43/85 du 7 décembre 1988, 44/21 du 15 novembre 1989, 45/58 M du 4 décembre 1990, 46/37 B du 6 décembre 1991, 47/53 F du 15 décembre 1992 et 48/76 A du 16 décembre 1993,

<u>Considérant</u> l'importance et l'efficacité des mesures de confiance prises sur l'initiative et avec la participation de tous les États concernés et compte tenu des caractéristiques propres à chaque région, du

fait que ces mesures peuvent contribuer au désarmement régional ainsi qu'à la sécurité internationale, conformément aux principes de la Charte,

<u>Convaincue</u> que les ressources libérées par le désarmement, y compris le désarmement régional, peuvent être consacrées au développement économique et social et à la protection de l'environnement pour le bénéfice de tous les peuples, en particulier ceux des pays en développement,

<u>Tenant compte</u> de la création par le Secrétaire général, le 28 mai 1992, du Comité consultatif permanent chargé des questions de sécurité en Afrique centrale, dont le rôle est de promouvoir la limitation des armements, le désarmement, la non-prolifération et le développement dans la sous-région,

1. <u>Prend acte</u> du rapport du Secrétaire général sur les mesures de confiance à l'échelon régional (A/49/546) qui porte sur les réunions du Comité consultatif permanent chargé des questions de sécurité en Afrique centrale tenues à Yaoundé en avril et en septembre 1994;

2. <u>Réaffirme son soutien</u> aux efforts visant à promouvoir les mesures de confiance aux niveaux régional et sous-régional afin d'atténuer les tensions et de promouvoir le désarmement, la non-prolifération et le règlement pacifique des différends en Afrique centrale;

3. <u>Réaffirme également son soutien</u> au programme de travail du Comité consultatif permanent adopté à la réunion d'organisation du Comité tenue à Yaoundé du 27 au 31 juillet 1992;

4. <u>Prend note</u> de la volonté des États membres de la Communauté économique des États de l'Afrique centrale de réduire les effectifs, les équipements et les budgets militaires dans la sous-région et de poursuivre l'examen des études réalisées

sur ce sujet en vue de parvenir à des accords à cette fin;

5. Se félicite qu'ait été paraphé le Pacte de non agression entre les États membres de la Communauté économique des États de l'Afrique centrale, qui est de nature à contribuer à la prévention des conflits et au renforcement de la confiance dans la sous-région, et encourage ces États à le signer dès que possible;

6. Accueille également avec satisfaction la décision prise par les États membres de la Communauté économique des États de l'Afrique centrale de participer aux opérations de maintien de la paix dans le cadre de l'Organisation des Nations Unies et de l'Organisation de l'unité africaine et de créer à cet effet, au sein de leurs forces armées respectives, des unités spécialisées dans les opérations de maintien de la paix;

7. Prie les États Membres et les organisations non gouvernementales de faciliter et de promouvoir l'instruction et la préparation d'unités spécialisées dans les opérations de paix dans les pays membres du Comité consultatif permanent;

8. Prie le Secrétaire général de continuer à fournir une assistance aux États d'Afrique centrale pour la mise en oeuvre du programme de travail du Comité consultatif permanent;

9. Prie également le Secrétaire général de lui présenter à sa cinquantième session un rapport sur l'application de la présente résolution;

10. Décide d'inscrire à l'ordre du jour provisoire de sa cinquantième session la question intitulée "Mesures de confiance à l'échelon régional".

90e séance plénière
15 décembre 1994

A/RES/50/71 B

L'Assemblée générale,

Rappelant les buts et principes de l'Organisation des Nations Unies et sa responsabilité principale dans le maintien de la paix et de la sécurité internationales, conformément à la Charte des Nations Unies,

Ayant à l'esprit les principes directeurs en vue d'un désarmement général et complet adoptés à sa dixième session extraordinaire, la première consacrée au désarmement,

Rappelant ses résolutions 43/78 H et 43/85 du 7 décembre 1988, 44/21 du 15 novembre 1989, 45/58 M du 4 décembre 1990, 46/37 B du 6 décembre 1991, 47/53 F du 15 décembre 1992, 48/76 A du 16 décembre 1993 et 49/76 C du 15 décembre 1994,

Considérant l'importance et l'efficacité des mesures de confiance prises sur l'initiative et avec la participation de tous les États concernés et compte tenu des caractéristiques propres à chaque région, du fait que ces mesures peuvent contribuer au désarmement régional ainsi qu'à la sécurité internationale, conformément aux principes de la Charte,

Convaincue que les ressources libérées par le désarmement, y compris le désarmement régional, peuvent être consacrées au développement économique et social et à la protection de l'environnement pour le bénéfice de tous les peuples, en particulier ceux des pays en développement,

Tenant compte de la création par le Secrétaire général, le 28 mai 1992, du Comité consultatif permanent chargé des questions de sécurité en Afrique centrale, dont le rôle est de promouvoir la limitation des armements, le désarmement, la non-prolifération et le développement dans la sous-région,

1. Prend acte du rapport du Secrétaire général sur les mesures de confiance à l'échelon régional (A/50/474) qui porte sur les sixième et septième réunions du Comité consultatif permanent chargé des questions de sécurité en Afrique centrale, tenues à Brazzaville en mars et en août 1995 ;

2. Réaffirme son soutien aux efforts visant à promouvoir les mesures de confiance aux niveaux régional et sous-régional afin d'atténuer les tensions et les conflits dans la sous-région et de promouvoir le désarmement, la non-prolifération des armes et le règlement pacifique des différends en Afrique centrale;

3. Réaffirme également son soutien au programme de travail du Comité consultatif permanent adopté à la réunion d'organisation du Comité, tenue à Yaoundé en juillet 1992;

4. Prend acte de la Déclaration de Brazzaville sur la coopération pour la paix et la sécurité en Afrique centrale (A/50/474, annex I) et exhorte les États membres du Comité consultatif permanent à sa mise en application rapide;

5. Note la volonté des États membres du Comité consultatif permanent de réduire les effectifs, les équipements et les budgets militaires dans la sous-région et de poursuivre l'examen des études réalisées sur ce sujet en vue de parvenir à des accords à cette fin;

6. Se félicite qu'ait été paraphé le Pacte de non agression entre les États membres du Comité consultatif permanent, qui est de nature à contribuer à la prévention des conflits et au renforcement de la confiance dans la sous-région, et encourage ces États à le signer dès que possible;

7. Accueille avec satisfaction la décision prise par les États membres du Comité consultatif permanent de participer aux opérations de paix sous l'égide de l'Organisation des Nations Unies et de l'Organisation de l'unité africaine et de créer à cet effet, au sein de leurs forces armées respectives, des unités spécialisées dans les opérations de paix;

8. Accueille également avec satisfaction la participation de certains États membres du Comité consultatif permanent aux opérations de paix en cours dans la sous-région;

9. Prie les États Membres et les organisations gouvernementales et non gouvernementales de promouvoir et de faciliter la mise en place d'un programme de formation sur les opérations de paix dans la sous-région en vue de renforcer la capacité des unités spécialisées dans les opérations de paix au sein des forces armées des États membres du Comité consultatif permanent;

10. Prie le Secrétaire général de continuer à fournir une assistance aux États membres du Comité consultatif permanent et d'établir un fonds d'affectation spéciale auquel les États membres et les organisations gouvernementales et non gouvernementales pourront verser des contributions volontaires additionnelles pour la mise en oeuvre du programme de travail du Comité;

11. Prie également le Secrétaire général de lui présenter à sa cinquante et unième session un rapport sur l'application de la présente résolution;

12. Décide d'inscrire à l'ordre du jour provisoire de sa cinquante et unième session la question intitulée "Mesures de confiance à l'échelon régional".

90e séance plénière
12 décembre 1995

A/RES/51/46 C

L'Assemblée générale,

Rappelant les buts et principes de l'Organisation des Nations Unies et sa responsabilité principale dans le maintien de la paix et de la sécurité internationales, conformément à la Charte des Nations Unies,

Ayant à l'esprit les principes directeurs en vue d'un désarmement général et complet adoptés à sa dixième session extraordinaire, la première consacrée au désarmement,

Rappelant ses résolutions 43/78 H et 43/85 du 7 décembre 1988, 44/21 du 15 novembre 1989, 45/58 M du 4 décembre 1990, 46/37 B du 6 décembre 1991, 47/53 F du 15 décembre 1992, 48/76 A du 16 décembre 1993, 49/76 C du 15 décembre 1994 et 50/71 B du 12 décembre 1995,

Considérant l'importance et l'efficacité des mesures de confiance prises sur l'initiative et avec la participation de tous les États concernés et compte tenu des caractéristiques propres à chaque région, du fait que ces mesures peuvent contribuer au désarmement régional ainsi qu'à la sécurité internationale, conformément aux principes de la Charte,

Convaincue que les ressources libérées par le désarmement, y compris le désarmement régional, peuvent être consacrées au développement économique et social et à la protection de l'environnement pour le bénéfice de tous les peuples, en particulier ceux des pays en développement,

Convaincue également que le développement ne peut être réalisé que dans un climat de paix, de sécurité et de confiance mutuelle au niveau tant interne qu'interétatique,

Tenant compte de la création par le Secrétaire général, le 28 mai 1992, du Comité consultatif permanent des Nations Unies chargé des questions de sécurité en Afrique centrale, dont le rôle est de promouvoir la limitation des armements, le désarmement, la non-prolifération et le développement dans la sous-région,

Rappelant la Déclaration de Brazzaville sur la coopération pour la paix et la sécurité en Afrique centrale, (A/50/474, annex I)

1. Prend acte du rapport du Secrétaire général sur les mesures de confiance à l'échelon régional, (A/51/287) qui porte sur les activités du Comité consultatif permanent des Nations Unies chargé des questions de sécurité en Afrique centrale, depuis l'adoption par l'Assemblée générale de sa résolution 50/71 B;

2. Réaffirme son soutien aux efforts visant à promouvoir les mesures de confiance aux niveaux régional et sous-régional afin d'atténuer les tensions et les conflits dans la sous-région et de promouvoir le désarmement, la non-prolifération des armes et le règlement pacifique des différends en Afrique centrale;

3. Réaffirme également son soutien au programme de travail du Comité consultatif permanent, que celui-ci a adopté à sa réunion d'organisation, tenue à Yaoundé en juillet 1992;

4. Se félicite que ledit programme ait débouché sur des actions et des mesures concrètes de promotion de la confiance et de la sécurité dans la sous-région d'Afrique centrale;

5. Prend note de la tenue à Yaoundé, le 8 juillet 1996, du premier sommet des chefs d'État et de gouvernement des pays membres du Comité consultatif permanent des Nations Unies chargé des questions de sécurité en Afrique centrale;

6. Accueille avec une grande satisfaction la signature à cette occasion du Pacte de non agression entre les États membres du Comité consultatif permanent, et réaffirme sa conviction que ce pacte est de nature à contribuer à la prévention des conflits et au renforcement de la confiance dans la sous-région de l'Afrique centrale;

7. Invite les États membres du Comité consultatif permanent qui n'ont pas encore signé le Pacte à le faire, et encourage tous les États membres à en accélérer la ratification pour qu'il puisse entrer en vigueur dans les meilleurs délais;

8. Accueille avec satisfaction la Déclaration finale du premier sommet du Comité consultatif permanent, (A/51/274-S/1996/631, annex) qui prévoit la mise en oeuvre des mesures suivantes :

a) La promotion des systèmes de gouvernance participatifs comme moyens de prévention des conflits;

b) L'organisation, sous l'égide des Nations Unies, de séminaires de formation à l'intention des cadres des forces armées, de la garde républicaine, de la gendarmerie et de la police des États d'Afrique centrale, dans le but de promouvoir une culture de paix, en reprécisant leur rôle dans le contexte démocratique;

c) L'élaboration d'un programme de lutte contre le trafic illicite des armes, afin d'endiguer cette source d'insécurité et de menace à la stabilité des États de la sous-région;

d) L'établissement sous les auspices des Nations Unies d'un mécanisme d'alerte rapide comme instrument de base de la diplomatie préventive en Afrique centrale;

e) Le renforcement de la coopération entre les États de la sous-région et les partenaires bilatéraux et multilatéraux en matière de paix et de sécurité en Afrique

centrale;

9. Exprime sa conviction que le processus démocratique constitue un moyen précieux de renforcer la confiance, de promouvoir le développement et de prévenir les conflits, et accueille avec satisfaction la décision prise par les États membres du Comité consultatif permanent d'organiser à Brazzaville, en janvier 1997, une conférence sous-régionale sur la problématique "Institutions démocratiques et paix en Afrique centrale";

10. Se félicite de la tenue, sous l'égide des Nations Unies, du premier séminaire de formation des formateurs aux opérations de maintien de la paix, à Yaoundé du 9 au 17 septembre 1996, en vue de renforcer la capacité des unités spécialisées dans ces opérations au sein des forces armées des États membres du Comité consultatif permanent;

11. Exprime sa gratitude aux gouvernements qui ont répondu favorablement à l'appel de l'Assemblée générale et ont contribué au financement de ce séminaire de formation;

12. Souligne une fois de plus qu'il importe de poursuivre ce programme de formation afin de renforcer la participation des États membres du Comité consultatif permanent aux futures opérations de maintien de la paix des Nations Unies;

13. Remercie le Secrétaire général d'avoir mis en place le Fonds d'affectation spéciale pour le Comité consultatif permanent des Nations Unies chargé des questions de sécurité en Afrique centrale;

14. Fait appel aux États Membres et aux organisations gouvernementales et non gouvernementales pour qu'ils versent au Fonds d'affectation spéciale des contributions volontaires additionnelles en vue de la mise en oeuvre du programme de travail du Comité consultatif permanent, et

notamment des mesures et des objectifs indiqués aux paragraphes 8, 9 et 12 de la présente résolution;

15. Prie le Secrétaire général de continuer à fournir une assistance aux États membres du Comité consultatif permanent pour assurer la poursuite de leurs efforts;

16. Prie également le Secrétaire général de lui présenter à sa cinquante-deuxième session un rapport sur l'application de la présente résolution;

17. Décide d'inscrire à l'ordre du jour provisoire de sa cinquante-deuxième session la question intitulée "Mesures de confiance à l'échelon régional".

79ᵉ séance plénière
10 décembre 1996

"Il reste à déplorer que la sous-région africaine connaisse un accroissement de stocks d'armes. Si sur tous les continents, les dépenses militaires ont baissé d'une manière significative, cette tendance ne se traduit pas nécessairement par une réduction uniforme et pas sur toutes les catégories d' armes.

Je suis personnellement très inquiet du trafic grandissant et souvent illicite d'armes dans la sous-région, en particulier de l'armement léger."

**Kofi A. Annan
secrétaire général des Nations Unies
7 juillet 1997**

Rapports du Secrétaire général
*relatifs au Comité consultatif permanent
des Nations Unies sur les questions de sécurité*

A/47/511

I. INTRODUCTION

1. A sa quarante-sixième session, l'Assemblée générale a adopté, le 6 décembre 1991, la résolution 46/37 B, dont les paragraphes clefs sont les suivants

"L' Assemblée générale,

...

"1. Soutient et encourage les efforts visant à promouvoir les mesures de confiance aux niveaux régional et sous-régional afin d'atténuer les tensions régionales et de faire progresser le -désarmement et la non-prolifération aux niveaux régional et sous-régional en Afrique centrale;

"2. Accueille avec satisfaction l'initiative prise par les Etats membres de la Communauté économique des Etats de l'Afrique centrale en vue de promouvoir les mesures de confiance, le désarmement et le développement dans leur sous-région, notamment par la création, sous les auspices de l'Organisation des Nations Unies, d'un comité consultatif permanent chargé des questions de sécurité en Afrique centrale;

"3. Remercie le Secrétaire général pour sa contribution au séminaire-atelier de Yaoundé et le prie de continuer à apporter son assistance aux Etats d'Afrique centrale pour la mise en oeuvre des recommandations et conclusions contenues dans le document final de ce séminaire-atelier, notamment en mettant sur pied le comité consultatif permanent chargé des questions de sécurité en Afrique centrale;

"4. Prie également le Secrétaire général de lui présenter à sa quarante-septième session un rapport sur l'application de la présente résolution;

"5. Décide d'inscrire à l'ordre du jour provisoire de sa quarante-septième session une question intitulée "Mesures de confiance à l 'échelon régional."

2. Le présent rapport est présenté par le Secrétaire général en application du paragraphe 4 de cette résolution.

II. REUNION D'ORGANISATION DU COMITE CONSULTATIF PERMANENT

3. Conformément aux dispositions du paragraphe 3 de la résolution 46/37 B de l'Assemblée générale, le Secrétaire général a établi, le 28 mai 1992, sous les auspices de l'Organisation des Nations Unies, le Comité consultatif permanent sur les questions de sécurité en Afrique centrale. L'objectif du Comité est de développer les mesures de confiance et de promouvoir la limitation des armements et le développement dans la sous-région de l'Afrique centrale. Il est prévu que les discussions du Comité soient tenues à différents niveaux, comprenant des sessions d'experts (au niveau des militaires de haut rang et des cadres civils), des réunions ministérielles et des discussions par les chefs d'Etat concernés durant leurs réunions annuelles dans le cadre de la Communauté économique des Etats de l'Afrique centrale (CEEAC). Le Secrétaire général a désigné M. Sammy Kum Buo du Bureau des affaires de

désarmement au Département des affaires politiques du Secrétariat, Secrétaire du Comité consultatif permanent.

4. Le Comité a tenu sa réunion d'organisation au niveau ministériel du 27 au 31 juillet 1992, à Yaoundé, avec l'assistance du Bureau des affaires de désarmement sur la base d'un financement extrabudgétaire. Le Directeur du Bureau a représenté le Secrétaire général à cette réunion. Les délégations des pays suivants ont assisté à cette réunion: Burundi, Cameroun, Congo, Gabon, Guinée équatoriale, République centrafricaine, Rwanda, São Tomé et Principe, Tchad et Zaïre.[1] La plupart des délégations étaient conduites par le Ministre des affaires étrangères ou par celui de la défense du pays concerné.

5. Au cours de la cérémonie inaugurale, présidée par le Ministre des relations extérieures de la République du Cameroun, M. Jacques-Roger Booh Booh, M. Charles Itangishaka, Secrétaire d'Etat chargé de la coopération du Burundi, chef de délégation, a lu un message de M. Pierre Buyoya, Président de la République du Burundi et Président en exercice de la CEEAC, soulignant l'importance de mesures de confiance dans la stabilité et le développement de la sous-région.

6. La réunion a élu par consensus le bureau du Comité, composé comme suit Président: Cameroun; 1er Vice-Président: Gabon; 2e Vice-Président: Burundi; Rapporteur général: São Tomé et Principe.

7. Le Comité a adopté les décisions de procédure suivantes

a) Le règlement intérieur du Comité sera celui de l'Assemblée générale des Nations Unies;

---

[1] L'Angola, récemment admis comme membre à part entière de la CEEAC, n'a pas pu assisté à cette réunion.

b) La durée du mandat du Bureau du Comité est de six mois. Le mandat est rotatif;

c) Le Comité a donné mandat à son président de mener des consultations en vue d'inviter certains Etats et organisations intéressées à participer aux travaux du Comité en qualité d'observateurs;

d) Compte tenu de l'importance du rôle de la volonté politique dans la promotion des mesures de confiance et de sécurité, le Comité a prié le chef de la délégation burundaise de transmettre à son chef d'Etat, en sa qualité de Président en exercice de la CEEAC, le souhait que les questions liées au renforcement de la confiance et de la sécurité soient inscrites à l'ordre du jour du sommet annuel des chefs d'Etat de la Communauté.

8. La réunion d'organisation, dont l'objectif était d'élaborer le programme de travail et le calendrier de son exécution, a écouté deux exposés de base, le premier sur la promotion des mesures de confiance et de sécurité dans la sous-région de l'Afrique centrale, par le général d'armée Idriss Ngari, chef d'état-major, général des forces armées gabonaises et Président de la Conférence de 1988 sur la promotion de la confiance, de la sécurité et du développement dans le cadre de la CEEAC, et le second sur la gestion des affaires publiques et le développement : priorités pour l'Afrique centrale, par M. Emmanuel E. Mbi, Administrateur principal de la région Afrique à la Banque mondiale. De plus, la République du Cameroun a présenté un document de travail intitulé Comité consultatif permanent sur les questions de sécurité en Afrique centrale: Les propositions du Cameroun.

9. Après un échange de vues intensif entre les participants et prenant en compte la résolution 46/37 B de l'Assemblée générale, aussi bien que les discours prononcés et les documents présentés à la réunion

d'organisation, le Comité a adopté le programme de travail suivant qui définit les éléments à considérer en deux groupes de propositions constituant le calendrier de travail du Comité.

III. PROGRAMME DE TRAVAIL DU COMITE

10.   Classement des mesures de confiance et de sécurité par ordre de priorité

Priorité I. Possibilité de mise en oeuvre au cours de la première phase d'activités

A. Diplomatie préventive

I.   Respect de la souveraineté des Etats.

2. Adhésion par tous les Etats de la sous-région aux instruments juridiques internationaux sur la limitation des armements et le désarmement.

3. Encouragement et promotion de la politique de rapatriement volontaire des réfugiés avec la mise sur pied des modalités pratiques de leur réinsertion sociale en tant que facteur humanitaire du renforcement de la confiance.

4. Conclusion au plan sous-régional d'un pacte de non agression.

5. Etablissement de lignes rouges entre chefs d'Etat de la sous-région.

6. Intensification de rencontres entre chefs d'Etat de la sous-région.

7. Organisation de rencontres périodiques conjointes des ministres de la défense, de l'intérieur et des affaires étrangères, ainsi que des chefs d'état-major de la sous-région.

8. Etablissement et renforcement de la transparence dans les activités militaires : notification préalable aux autres Etats des manoeuvres militaires de tout Etat, et

invitation des observateurs des pays concernés.

9.   Sauvegarde de l'environnement.

10.   Renoncement par tous les Etats de la sous-région à la production, l'acquisition ou le transfert des armes de destruction massive, telles que les armes nucléaires, chimiques et biologiques.

B. Construction de la paix

I.   Le renforcement et la consolidation du processus de démocratisation et la promotion du respect des droits de l'homme dans la sous-région.

2. Respect des engagements contractés entre les Etats de la sous- région.

3. Création d'un organe de gestion des crises dans chaque Etat membre.

4. Implication accrue des peuples et des médias à la poursuite des idéaux de paix, de sécurité et de développement dans la sous-région.

5. Sensibilisation des candidats à l'émigration ou à l'immigration sur les lois et les cultures des pays d'accueil.

6. Intensification de la coopération dans le domaine de l'émigration et de l'immigration par l'élaboration ou la mise en oeuvre d'une législation sous-régionale relative au mouvement des personnes.

7. Intensification de la coopération et des échanges dans les domaines de l'information, de la culture et de l'éducation.

8. Echange des délégations militaires.

9. Elaboration de mesures concrètes destinées à favoriser un accord sur une réduction pondérée et progressive des forces, des équipements et des budgets militaires des Etats de la sous-région.

10. Assistance à la restructuration des armées et à la reconversion des militaires.

C. Rétablissement et maintien de la paix

Création d'un état-major inter-Etats permanent de gestion des crises qui pourrait envisager l'opportunité de la constitution d'une force de maintien de la paix, et les modalités de son financement.

D. Formation du Personnel de maintien de la paix

Développement de la coopération avec les institutions de formation spécialisées dans le domaine de la prévention des conflits et de la conduite des opérations du maintien de la paix.

E. Conformité et vérification

Les mesures de confiance et de sécurité énoncées ci-dessus seront assorties de formes adéquates de vérification.

Priorité II. Possibilité de mise en oeuvre à une date ultérieure

A. Diplomatie préventive

I. Intensification de la présence diplomatique effective de chaque Etat dans tous les autres pays de la sous-région.

2. Renforcement de la coopération sous-régionale dans le domaine de la formation militaire.

3. Organisation de manoeuvres et d'exercices militaires conjoints et de patrouilles mixtes.

4. Entrainement, au plan sous-régional, à la conduite des opérations d'assistance humanitaire d'urgence.

B. Construction de la paix

1. L'élaboration et le renforcement de mécanismes et d'instruments favorisant la recherche de solutions pacifiques aux différends.

2. Renforcement de l'intégration régionale.

3. Développement de la coopération transfrontière par la création de marchés frontaliers, l'intensification des contacts entre autorités frontalières et le lancement de projets communs de développement économique dans les zones frontalières.

4. Développement des moyens de transport et de communication entre Etats de la sous-région.

5. Création de zones démilitarisées et de zones de paix.

C. Rétablissement et maintien de la paix

Création d'un état-major inter-Etats permanent de gestion des crises qui pourrait envisager l'opportunité de la constitution d'une force de maintien de la paix, et les modalités de son financement.

D. Formation du personnel de maintien de la paix

Création d'un centre sous-régional spécialisé dans la formation du personnel de maintien de la paix.

E. Conformité et vérification

Les mesures de confiance et de sécurité énoncées ci-dessus seront assorties de formes adéquates de vérification.

IV. CONCLUSIONS

11. Les délibérations du Comité consultatif permanent sur les questions de sécurité en Afrique centrale, lors de sa réunion d'organisation, ainsi que le programme de travail adopté à cette réunion, ont ouvert des possibilités importantes pour une collaboration effective

entre l'Organisation des Nations Unies et les Etats membres de la CEEAC pour la promotion et la consolidation de la paix et du progrès dans la sous-région de l'Afrique centrale.

12. Par sa résolution 46/37 B, l'Assemblée générale a exprimé son soutien et son encouragement aux efforts des Etats de l'Afrique centrale visant à promouvoir les mesures de confiance dans leur zone et a prié le Secrétaire général de continuer à soutenir de tels efforts. L'établissement du Comité consultatif permanent est un premier pas concret vers cette fin. Il serait vital de profiter de l'effet généré par la création et l'inauguration du Comité pour commencer une action de fond sur la substance du travail du Comité, à savoir, l'élaboration, l'adoption et la mise en place de mesures concrètes de renforcement de la confiance. Le programme et le calendrier de travail adoptés à la réunion d'organisation du Comité constituent un point de départ utile pour la planification et l'exécution d'une stratégie rationnelle et réaliste pour coordonner le soutien des Nations Unies à cette initiative.

13. L'engagement exprimé par les Etats de la sous-région de l'Afrique centrale de renoncer au recours à la force comme une option politique dans leurs relations, et de rechercher plutôt des mesures constructives et pratiques pour renforcer la confiance et la coopération entre Etats est un changement politique important qui mérite le soutien total et l'encouragement de toute la communauté internationale. Non seulement le succès de l'initiative profiterait directement à près de 100 millions de personnes vivant dans la sous-région, mais il pourrait également servir comme un exemple positif, pour le reste de la sous-région et même au-delà, faisant avancer ainsi positivement les perspectives pour la réalisation d'un programme global viable pour la paix.

A/48/412

I. INTRODUCTION

1. A sa quarante-septième session, l'Assemblée générale a adopté, le 15 décembre 1992, la résolution 47/53 F, dont les paragraphes clefs sont les suivants :

"L'Assemblée générale,

...

"1. Prend acte du rapport du Secrétaire général sur les mesures de confiance à l'échelon régional[1], qui porte principalement sur la réunion d'organisation du Comité consultatif permanent chargé des questions de sécurité en Afrique centrale, tenue à Yaoundé du 27 au 31 juillet 1992, sous les auspices de l'Organisation des Nations Unies;

"2. Soutient et encourage les efforts visant à promouvoir les mesures de confiance aux niveaux régional et sous-régional afin d'atténuer les tensions et de faire progresser le désarmement et la non-prolifération aux niveaux régional et sous-régional en Afrique centrale;

"3. Accueille avec satisfaction le programme de travail comportant des mesures de confiance adopté par les Etats Membres de la Communauté économique des Etats de l'Afrique centrale lors de la réunion d'organisation du Comité consultatif permanent;

"4. Prie le Secrétaire général de continuer à fournir une assistance aux Etats d'Afrique centrale pour la mise en oeuvre du programme de travail du Comité consultatif permanent;

"5. Prie également le Secrétaire général de lui présenter à sa quarante-huitième session un rapport sur l'application de la présente résolution;

"6.   Décide d'inscrire à l'ordre du jour provisoire de sa quarante-huitième session la question intitulée 'Mesures de confiance à l'échelon régional'.

2.   Le présent rapport est présenté par le Secrétaire général en application du paragraphe 5 de cette résolution.

3.   Les activités du Comité consultatif permanent sur les questions de sécurité en Afrique centrale depuis le dernier rapport du Secrétaire général susmentionné ont porté essentiellement sur deux réunions importantes relatives à l'application du programme de travail du Comité.

II. DEUXIEME REUNION DU COMITE CONSULTATIF PERMANENT SUR LES QUESTIONS DE SECURITE EN AFRIQUE CENTRALE

4.   Conformément aux décisions de procédure adoptées lors de la réunion de Yaoundé du 27 au 31 juillet 1992, le Comité consultatif permanent sur les questions de sécurité en Afrique centrale s'est réuni à Bujumbura, du 8 au 10 mars 1993 au niveau des experts et du 11 au 12 mars 1993 au niveau ministériel.

5.   Les délégations des pays suivants ont pris part à cette réunion: Burundi, Cameroun, Congo, Gabon, Guinée équatoriale, République centrafricaine, Rwanda, São Tomé et Principe et Tchad. Le Zaïre et l'Angola n'ont pu participer à la réunion. Le Secrétariat général de la Communauté économique des Etats de l'Afrique centrale (CEEAC) également invité n'a pas pu participer.

6.   L'ouverture solennelle de la séance ministérielle a été ponctuée par les discours du Directeur a.i. du Centre régional des Nations Unies pour la paix et le désarmement en Afrique, représentant du Directeur du Bureau des Nations Unies pour

les affaires de désarmement, de M. Martin-Fidèle Magnaga, Ministre de la défense nationale, de la sécurité et de l'immigration de la République gabonaise, Premier Vice-Président du Bureau du Comité en remplacement du Ministre des relations extérieures du Cameroun, Président en exercice du Bureau, empêché, et celui de M. Libère Bararunyeretse, Ministre des relations extérieures et de la coopération de la République du Burundi et représentant du pays hôte.

A.   Election du Bureau

7.   La réunion a élu par consensus le Bureau du Comité, composé comme suit: Président: Burundi; Premier Vice-Président: Gabon; Deuxième Vice-Président: Congo; Rapporteur: Tchad.

B.   Déroulement des travaux

8.   Les participants à la réunion ont examiné les points suivants :

1.   Revue de l'état des instruments juridiques internationaux en matière de la limitation des armements et du désarmement à l'égard des pays membres de la Communauté économique des Etats de l'Afrique centrale

9.   Le Comité recommande aux Etats Membres de la CEEAC d'adhérer aux accords multilatéraux dans le domaine du désarmement, ainsi que l'inscription du point susmentionné à l'ordre du jour de la prochaine réunion du Comité consultatif en vue d'une mise à jour.

2.   Revue de la situation géopolitique et de Sécurité dans la sous-région de l'Afrique centrale

10.   Lors de leur échange de vues, les participants ont constaté que la sous-région demeure sujette à des menaces et des vulnérabilités diverses, ainsi qu'à des crises internes dont les causes sont endogènes

et/ou exogènes.

11. Après avoir examiné brièvement la situation géopolitique et de sécurité de la sous-région, le Comité a relevé, entre autres ce qui suit :

a) L'accumulation des armes de destruction massive dans le monde demeure globalement une source de menace à la paix et à la sécurité dans la sous-région;

b) La sous-région d'Afrique centrale présente des menaces spécifiques susceptibles de compromettre la paix et la sécurité en son sein, telles que :

i) Les problèmes frontaliers;

ii) L'exacerbation des rivalités socio-ethniques et socio-politiques;

iii) Le problème de réfugiés et des personnes déplacées;

iv) Les catastrophes naturelles;

v) Les problèmes socio-économiques;

vi) Le jeu de puissance et les conflits interétatiques;

vii) Le transfert d'armement;

viii) Le clivage Nord-Sud;

ix) Le trafic de la drogue et des stupéfiants;

x) Le terrorisme international.

12. Soucieux de promouvoir un climat de paix et de sécurité dans la sous-région, la réunion ministérielle recommande aux Etats membres de la sous-région de mettre en application les mesures définies dans le programme de travail du Comité consultatif permanent adopté en juillet 1992 à Yaoundé, notamment:

a) Respecter les droits des minorités;

b) Créer des conditions socio-économiques et politiques fiables pour fixer les populations;

c) Promouvoir la transparence interne dans la gestion de la démocratie;

d) Le respect des droits de l'homme;

e) Elaborer des instruments juridiques de la sécurité collective;

f) Respecter les accords bilatéraux et multilatéraux.

13. Par ailleurs, le Comité recommande que la revue de la situation géopolitique et de sécurité dans la sous-région soit inscrite en permanence à l'ordre du jour de ses réunions et examinée à titre prioritaire.

3. Examen du projet de pacte de non agression entre les Etats membres de la CEEAC

14. Après avoir examiné l'avant-projet du pacte de non agression entre les Etats membres de la CEEAC, le Comité a décidé de soumettre le projet de texte qui en résulte aux Etats membres pour examen et adoption lors de la prochaine réunion du Comité.

4. Elaboration des mesures concrètes destinées à favoriser la création d'un Etat-major interétats permanent de gestion de crises en vue de constituer une force de maintien de la paix sous-régionale

15. Après analyse concertée de cette question, des mesures d'ordre politique, juridique et structurel ont été examinées et devront faire l'objet d'une étude approfondie lors de la prochaine réunion du Comité.

16. En prévision de la mise en place d'un mécanisme de gestion de la sécurité collective dans la sous-région, le Comité

recommande la prise en compte des relations fonctionnelles entre la CEEAC, l'Organisation de l'unité africaine (OUA), l'Organisation des Nations Unies ou tout autre partenaire.

17. Dans cette perspective, le Comité propose que la mise en oeuvre de ces mesures soit en harmonie avec les mécanismes de gestion de la sécurité collective en cours d'élaboration par l'OUA.

5. Elaboration des mesures concrètes destinées à favoriser un accord sur une réduction pondérée et progressive des forces armées, des équipements et des budgets militaires des pays membres

18. Compte tenu de la complexité de la question, les participants recommandent une étude sur la restructuration des armées et la reconversion des militaires, qui servira d'outil de travail pour les discussions ultérieures.

19. Le Comité sollicite l'assistance des Nations Unies pour la réalisation de cette étude.

6. Divers

20. Ayant relevé les difficultés financières conjoncturelles auxquelles est confronté le Secrétariat de la CEEAC, et eu égard à l'indispensable implication de cette organisation dans le processus du maintien de la paix et de la sécurité de la sous-région, le Comité propose la prise en charge de la participation du Secrétaire général de la CEEAC ou de son représentant aux réunions du Comité par le pays hôte.

III. TROISIEME REUNION DU COMITE CONSULTATIF PERMANENT SUR LES QUESTIONS DE SECURITE EN AFRIQUE CENTRALE

21. La troisième réunion du Comité consultatif permanent sur les questions de sécurité en Afrique centrale s'est tenue à Libreville du 30 août au 1er septembre 1993 au niveau des experts, et du 2 au 3 septembre 1993 au niveau ministériel.

22. Les délégations de tous les pays membres du Comité ont pris part à cette réunion, à savoir : Angola, Burundi, Cameroun, Congo, Gabon, Guinée équatoriale, République centrafricaine, Rwanda, São Tomé et Principe, Tchad et Zaïre.

23. L'ouverture solennelle de la séance ministérielle a été ponctuée par les discours de S. Exc. M. Martin-Fidèle Magnaga, Ministre de la défense nationale, de la sécurité et de l'immigration, représentant du gouvernement hôte; de l'Ambassadeur Hassen Fodha, représentant du Secrétaire général des Nations Unies. S. E. M. Sylvestre Ntibantunganya, Ministre des relations extérieures et de la coopération du Burundi, Président en exercice du Comité, a prononcé le discours d'ouverture.

A. Election du bureau

24. La réunion a élu par consensus le Bureau du Comité, composé comme suit:Président: Gabon; Premier Vice-Président: Congo; Deuxième Vice-Président: Angola; Rapporteur: Zaïre.

B. Déroulement des travaux

25. Les participants à la réunion ont examiné les points suivants :

a) Revue de l'état des instruments juridiques internationaux en matière de limitation des armements et du désarmement à l'égard des pays de la sous-région;

b) Revue de la situation géopolitique et de sécurité dans la sous-région de l'Afrique centrale;

c) Echange de vues sur le thème : la démocratisation, les droits de l'homme et la stabilité en Afrique centrale;

d) Elaboration des mesures concrètes destinées à favoriser un accord sur une réduction pondérée et progressive des forces armées, des équipements et des budgets militaires des Etats membres;

e) Elaboration des mesures destinées à favoriser la création d'un état-major interétats permanent de gestion des crises en vue de constituer une force de maintien de la paix sous-régionale;

f) Examen du projet de pacte de non-agression entre les Etats membres de la CEEAC.

1. Revue de l'état des instruments juridiques internationaux en matière de limitation des armements et du désarmement à l'égard des pays de la sous-région

26. Après examen de cette question, le Comité souligne l'intérêt, pour tous les Etats de la sous-région, d'adhérer aux instruments juridiques internationaux en matière de limitation des armements et du désarmement et les invite à procéder à la signature et/ou à la ratification de ces instruments dans un délai de 18 mois, tout en prenant en compte les procédures constitutionnelles propres à chaque pays.

2. Revue de la situation géopolitique et de sécurité dans la sous-région de l'Afrique centrale

27. Au terme d'un échange de vues sur cette question et eu égard aux crises et conflits armés observés dans certains pays de la sous-région, le Comité recommande à son Bureau :

a) De jouer un rôle politique plus engagé dans la recherche de solutions aux crises et conflits susceptibles de porter atteinte à la paix, à la stabilité et au développement d'un pays membre de la sous-région;

b) D'initier et de s'associer à toute action visant à promouvoir la solution pacifique des crises et conflits dans la sous-région;

c) D'entreprendre des missions de solidarité auprès des Etats qui en manifestent le désir, afin d'exprimer aux peuples de ces pays frères le soutien et la solidarité agissante des pays membres.

28. Par ailleurs, le Comité exhorte les pays membres à participer aux missions d'observation et aux opérations de maintien de la paix et d'assistance humanitaire, sous l'égide de l'ONU et/ou de l'OUA, dans les zones de conflits de la sous-région.

29. S'agissant particulièrement de la situation au Rwanda, le Comité se félicite de la signature de l'Accord de paix d'Arusha, en date du 4 août 1993, qui ouvre les perspectives d'une ère de paix et de réconciliation nationale dans ce pays et invite la communauté internationale à soutenir la mise en oeuvre effective dudit accord.

30. Le Comité recommande aux Etats membres de la sous-région de manifester leur solidarité active au processus de paix en cours dans ce pays frère et d'agir auprès de l'ONU afin qu'elle procède, aussitôt que possible, au déploiement de la force internationale neutre prévue dans l'Accord de paix.

31. Quant à la situation en Angola, le Comité manifeste sa préoccupation quant au retard que connaît le processus de paix dans ce pays. Il invite les frères angolais à privilégier la voie de la négociation à la lutte armée dans l'intérêt de leur peuple.

32. Le Comité soutient et encourage tous les efforts qui sont menés, tant au niveau bilatéral que multilatéral, pour trouver une solution négociée au conflit angolais.

33. Tout en soulignant l'importance de la déclaration des chefs d'Etat et de

gouvernement de l'OUA sur la situation en Angola (AHG/Decl.2-XXIX), le Comité invite instamment l'UNITA à respecter la résolution 851 (1993) du Conseil de sécurité de l'ONU.

34. Enfin, en raison des problèmes de sécurité que peuvent poser les questions de l'émigration et de l'immigration dans la sous-région, le Comité recommande la mise en place d'un groupe d'experts chargé d'élaborer une législation sous-régionale sur les mouvements de personnes.

35. Ainsi, le Comité recommande que les questions sur l'émigration et l'immigration dans la sous-région soient inscrites à l'ordre du jour de sa prochaine réunion.

3. Echange de vues sur le thème : la démocratisation, les droits de l'homme et la stabilité en Afrique

36. Après un large échange de vues précédé d'un exposé introductif sur cette question par le Professeur Isaac Nguema, ancien Président de la Commission africaine sur les droits de l'homme et des peuples, le Comité encourage les Etats de la sous-région à poursuivre, en le renforçant, le processus de démocratisation dans leurs pays respectifs, dans le respect et la promotion des droits de l'homme afin d'assurer la paix, la stabilité et le développement de la sous-région.

37. Par ailleurs, le comité invite tous les acteurs politiques à aborder le processus démocratique par la concertation, le dialogue et la négociation pour l'intérêt supérieur de leur nation.

4. Elaboration des mesures concrètes destinées à favoriser un accord sur une réduction pondérée et progressive des forces armées, des équipements et des budgets militaires des Etats membres

38. Après un examen de cette question, le Comité réitère sa recommandation de demander aux Nations Unies une étude sur la question, en collaboration avec les pays de la sous-région. Cette étude devra tenir compte des réalités propres aux différents pays de la sous-région et des missions spécifiques à assigner aux forces armées dans le domaine du développement.

39. Le Comité souscrit au principe des Nations Unies sur le désarmement et invite les Etats membres à fournir les informations nécessaires au Registre des Nations Unies sur le transfert des armes conventionnelles.

5. Elaboration des mesures destinées à favoriser la création d'un état-major interétats permanent de gestion de crises en vue de constituer une force de maintien de la paix sous-régionale

40. Après un examen de ce point au cours duquel un exposé préliminaire a été fait par l'Ambassadeur Olara Otunnu, Président de l'International Peace Academy, le Comité recommande que son étude se poursuive jusqu'à la prochaine session, et que chaque Etat membre en fasse connaître ses vues.

41. Toutefois, en attendant la mise en place d'un système de gestion de crises et de conflits dans la sous-région, le Comité recommande l'observation des mesures transitoires d'ordre politique, juridique et fonctionnel ci-après :

(1) Mesures d'ordre politique

42. Compte tenu de la relation qui existe entre la sécurité et le développement, le Comité recommande de :

a) Réactiver la CEEAC dans le processus d'intégration économique en rapport avec la sécurité de la sous-région;

b) Inviter à ses réunions toutes les organisations d'intégration économique sous-régionales : CEEAC, UDEAC, CEPGL;

c) Créer un organe national de gestion de crises et conflits dans chaque Etat membre;

d) Encourager les Etats membres à intensifier les initiatives de coopération bilatérale dans la sous-région en matière de sécurité.

(2) Mesures d'ordre juridique

a) Adjoindre au traité institutif de la CEEAC un protocole donnant à cette institution des compétences qui relèvent du domaine de la sécurité;

b) Elaborer un projet de protocole d'assistance mutuelle, cadre juridique indispensable pour la création d'un état-major mixte de gestion de crises et conflits, ainsi qu'une force de maintien de la paix dans la sous-région;

c) Réaliser une étude sur la typologie de crises et conflits dans la sous-région.

(3) Mesures d'ordre fonctionnel

a) Créer un comité d'états-majors non permanent de la sous-région;

b) Envoyer des attachés militaires auprès des missions diplomatiques dans les Etats membres de la CEEAC;

c) Créer à l'intérieur de chaque Etat membre, au sein des forces armées, une unité spécialisée dans les missions de maintien de la paix;

d) Elaborer, en collaboration avec les Nations Unies, un programme de formation adapté aux missions de paix dans la sous-région;

e) Programmer des visites ou voyages d'étude de délégations de militaires et de policiers dans d'autres pays de la sous-région, aux fins de perpétuer et de renforcer les relations existantes entre officiers de

différents pays.

6. Examen du projet de pacte de non agression

43. Après avoir examiné le projet de pacte de non-agression, le Comité décide de l'adopter et de le soumettre à la signature des chefs d'Etat et/ou de gouvernement de la sous-région.

IV. CONCLUSION

44. La deuxième et la troisième réunions du Comité qui ont eu lieu en 1993 ont constitué un grand pas vers la réalisation du programme de travail du Comité adopté en juillet 1992. Tous les pays membres du Comité se sont engagés à être pragmatiques et réalistes dans leur approche des tâches aussi importantes que délicates du Comité. Plus que dans le passé, cet engagement est d'autant plus nécessaire à un moment où l'insécurité et les conflits exacerbent les difficultés économiques et compromettent gravement le bien-être des populations de la sous-région. C'est à ce titre que le Comité se doit d'être un instrument porteur d'espoir dans la recherche des voies et moyens de règlement pacifique des différends entre les Etats de la sous-région de l'Afrique centrale.

45. L'adoption du pacte de non agression entre les pays de la sous-région, la décision du Comité de mandater son bureau de jouer un rôle politique plus actif, d'entreprendre des visites de solidarité et de sympathie auprès des pays en conflits représentent quelques unes des grandes réalisations accomplies par le Comité dans le domaine de la diplomatie préventive et le renforcement de la confiance, en l'espace seulement d'un an d'existence. La disponibilité des pays membres du Comité et de la communauté internationale de fournir des ressources nécessaires pouvant soutenir l'action du Bureau favorisera, sans aucun doute, la concrétisation des objectifs nobles et urgents du Comité.

A/49/546

I. INTRODUCTION

1. A sa quarante-huitième session, l'Assemblée générale, par sa résolution 48/76 A du 16 décembre 1993, a accueilli avec satisfaction les résultats des réunions du Comité consultatif permanent tenues à Bujumbura et à Libreville, dont notamment l'adoption du pacte du non agression entre les États membres de la Communauté économique des États de l'Afrique centrale, pacte de nature à contribuer à la prévention des conflits et au renforcement de la confiance dans la sous-région. Elle a prié le Secrétaire général de continuer à fournir une assistance aux États d'Afrique centrale pour la mise en oeuvre du programme de travail du Comité consultatif permanent, et de lui présenter à sa quarante-neuvième session un rapport sur l'application de la résolution.

2. Le présent rapport est présenté par le Secrétaire général en application de cette résolution.

II. QUATRIÈME RÉUNION DU COMITÉ CONSULTATIF PERMANENT SUR LES QUESTIONS DE SÉCURITÉ EN AFRIQUE CENTRALE

3. La quatrième réunion du Comité consultatif permanent sur les questions de sécurité en Afrique centrale s'est tenue à Yaoundé, du 4 au 6 avril 1994 au niveau des experts et les 7 et 8 avril 1994 au niveau ministériel.

4. Les délégations des 11 États membres du Comité ont pris part à cette réunion : Angola, Burundi, Cameroun, Congo, Gabon, Guinée équatoriale, République centrafricaine, Rwanda, São Tomé et Principe, Tchad et Zaïre.

5. L'ouverture solennelle de la séance ministérielle a été ponctuée par les discours de M. Ferdinand-Léopold Oyono, Ministre des relations extérieures du Cameroun; M. Sammy Kum Buo, Secrétaire du Comité; M. Herbert M'cleod, Coordonnateur résident des opérations des Nations Unies en Érythrée, Représentant du Secrétaire général des Nations Unies; et du général Idriss Ngari, Ministre de la défense et de l'immigration du Gabon, Président en exercice du Comité.

A. Élection du bureau

6. La réunion a élu par consensus le bureau du Comité, composé comme suit: Président: Cameroun; Premier Vice-Président: Congo; Deuxième Vice-Président: Angola; Rapporteur: Zaïre.

B. Déroulement des travaux

1. Revue de la situation géopolitique et de sécurité dans la sous-région de l'Afrique centrale

7. Au terme d'un échange de vues sur cette question, le Comité a constaté la persistance, dans de nombreux pays, de crises et de conflits relevant des rivalités ethniques, de l'apprentissage de la démocratie et des différends frontaliers, notamment en Angola, au Burundi, au Rwanda et au Cameroun.

8. Toutefois, le Comité a noté avec satisfaction les trêves et l'amorce d'un climat de paix susceptibles de favoriser la relance et la consolidation du processus de démocratisation et de progrès économique, notamment au Congo, au Gabon, au Tchad et au Zaïre.

9. Eu égard à ce qui précède, le Comité formule les recommandations suivantes :

Angola

10. En ce qui concerne la situation en Angola, le Comité réitère sa préoccupation

quant au retard que connaît le processus de paix dans ce pays et invite, une fois de plus, les frères angolais à saisir l'opportunité des négociations en cours à Lusaka pour parvenir à une solution juste et équitable, devant favoriser la restauration de la paix dans le pays.

11. Par ailleurs, le Comité soutient et encourage tous les efforts qui sont menés par le Gouvernement angolais, tant au niveau national, bilatéral que multilatéral, pour trouver une solution négociée à ce conflit.

12. Le Comité recommande au bureau d'entreprendre une mission en Angola, afin d'exprimer au peuple frère angolais la solidarité agissante des États membres.

13. Tout en soulignant encore l'importance de la Déclaration sur la situation en Angola [AHG/Decl.2 (XXIX)], adoptée par la Conférence des chefs d'État et de gouvernement de l'Organisation de l'unité africaine (OUA) à sa vingt-neuvième session ordinaire, tenue au Caire en juin 1993, le Comité invite instamment l'UNITA à respecter les résolution 851 (1993) et 864 (1994) du Conseil de sécurité.

Burundi

14. S'agissant du Burundi, le Comité manifeste sa préoccupation face à la situation d'insécurité, de violence et de tueries massives, exacerbées par les rivalités politico-ethniques.

15. Le Comité lance un appel à tous les frères du Burundi pour la réconciliation nationale et la sauvegarde des acquis de leur démocratie.

16. Ainsi, le Comité invite les États membres à manifester leur solidarité en encourageant les efforts déployés aux plans national, sous-régional, régional et international.

17. Par ailleurs, le Comité se félicite de la prise de position par son bureau en octobre 1993 et mars 1994, d'une part condamnant la violence ayant causé des pertes en vies humaines dont celle du Président Melchior Ndadaye, et d'autre part interpellant l'ONU et l'OUA à mettre tout en oeuvre pour assurer le retour à la légalité, la cessation des souffrances de la population civile et la promotion du dialogue et de la concertation.

Rwanda

18. En ce qui concerne la situation au Rwanda, le Comité invite les frères rwandais à mettre en oeuvre l'Accord de paix d'Arusha du 4 août 1993, en vue d'accélérer le processus de réconciliation nationale et la mise en place des institutions démocratiques prévues dans ledit Accord.

Cameroun

19. Enfin, quant au différend territorial et frontalier qui oppose le Cameroun au Nigéria, le Comité exprime sa vive préoccupation face à la tension qui prévaut dans la péninsule de Bakassi et qui risque de dégénérer en conflit armé.

20. Le Comité note avec satisfaction la démarche entreprise par le Cameroun en vue du règlement pacifique de ce différend, notamment par la saisine de l'organe central du mécanisme de l'OUA pour la prévention, la gestion et le règlement des conflits en Afrique, ainsi que du Conseil de sécurité et de la Cour internationale de Justice. Il invite les instances concernées à procéder à un examen urgent de ce différend.

21. Le Comité, à ce sujet, se félicite de la réaffirmation par l'organe central, en sa session du 24 mars 1994, des principes de l'intangibilité des frontières héritées de la colonisation, du respect de la souveraineté et de l'indépendance nationales et du règlement pacifique des différends.

22. Le Comité prend note de l'appel lancé par cet organe de l'OUA invitant les parties à faire preuve de retenue et à prendre des mesures appropriées pour rétablir la confiance, y compris l'examen du retrait des troupes et la poursuite du dialogue.

23. Le Comité exprime sa solidarité au Cameroun dans cette crise et encourage les parties à privilégier le dialogue et la bonne foi dans la recherche d'une solution pacifique fondée sur le droit international.

a) Problème de la prolifération des armes de guerre dans la population civile

24. Le Comité manifeste sa préoccupation face à la prolifération des armes de guerre dans la population civile et invite tous les États membres de la sous-région à prendre des mesures nécessaires, voire collectives, pour endiguer ce phénomène déstabilisateur.

25. Le Comité charge son bureau d'entreprendre des démarches auprès du Secrétaire général des Nations Unies pour solliciter une assistance à cet effet.

b) Recommandations particulières

26. Fort des situations et interpellations qui précèdent, le Comité recommande à son bureau d'entreprendre les actions ci-après et de lui en faire rapport à sa cinquième réunion :

a) Saisir le Secrétaire général de l'OUA ainsi que le Gouvernement du Burundi en vue d'exprimer la disponibilité des États membres à participer aux missions d'observation sollicitées par les frères burundais;

b) Saisir le Secrétaire général de l'ONU ainsi que le Gouvernement du Rwanda en vue d'exprimer la disponibilité des États membres à participer à toutes les missions d'observation internationale dans ce pays;

c) Appuyer toutes les démarches entreprises aux niveaux régional, multilatéral et international en vue du règlement pacifique du différend Cameroun-Nigéria.

27. Le Comité charge son bureau de transmettre toutes ces recommandations au Secrétaire général de l'ONU, afin qu'elles soient prises en compte par le Conseil de sécurité et l'Assemblée générale.

2. Réflexions sur les voies et moyens de la résolution pacifique des crises et conflits en Afrique centrale

3. La diplomatie préventive en Afrique centrale: échange de vues

4. Vers une défense commune en Afrique centrale: échange de vues

5. Élaboration des mesures destinées à favoriser la création d'un état-major inter-États permanent de gestion de crises en vue de constituer une force de maintien de la paix sous-régionale

28. Au terme d'un long débat sur les quatre points, qui se recoupent et se complètent, confirmant la volonté des États membres du Comité de tendre vers l'objectif de leur défense commune par étapes, le Comité a constaté que leur examen est suffisamment avancé et qu'il importe désormais d'en envisager la réalisation par la mise en oeuvre des recommandations ci-après :

a) Le Président en exercice du Bureau du Comité est chargé de diligenter la procédure de signature par les 11 chefs d'État et de gouvernement de la sous-région du Pacte de non agression adopté à Libreville lors de la troisième réunion du Comité et de lui en faire rapport à sa cinquième réunion;

b) Les délégations du Congo et du Zaïre sont chargées d'élaborer deux projets d'instruments juridiques, l'un portant sur un protocole d'assistance mutuelle des États membres de la sous-région en matière de défense et l'autre sur le statut particulier de l'unité type spécialisée dans les missions de maintien de la paix à créer au sein des forces armées de chaque État membre. Ces deux projets devront être présentés à la cinquième réunion du Comité;

c) Les délégations du Cameroun et du Tchad sont chargées de réaliser une étude sur la typologie de crises et conflits dans la sous-région susceptibles de nécessiter l'intervention du mécanisme de sécurité collective. Cette étude devra également être présentée à la cinquième réunion du Comité;

d) La délégation du Gabon est chargée d'élaborer un projet d'organisation d'un comité d'état-major non permanent de gestion de crises dans la sous-région. Ce projet devra être présenté à la cinquième réunion du Comité;

e) Chaque État membre du Comité devra créer un organe national de suivi des activités dudit comité. Un rapport sur la création de cet organe devra être présenté à la cinquième réunion du Comité.

6. Examen des questions de procédure et de fonctionnement du Bureau du Comité en exercice

29. Le débat relatif aux questions de procédure et de fonctionnement du bureau du Comté a porté principalement sur la rationalisation des activités. À ce propos, le Comité a convenu des mesures ci-après :

a) L'ordre du jour et le programme des travaux du Comité seront désormais présentés séparément. Le projet d'ordre du jour sera transmis aux États membres au moins un mois avant la réunion du Comité;

b) Étant donné que le Comité oeuvre sous l'égide de l'Assemblée générale des Nations Unies, ses recommandations seront présentées sous la forme de déclarations ou de résolutions;

c) Compte tenu des tâches plus concrètes à confier dorénavant à son bureau, le Comité recommande aux États membres du bureau de prendre en charge les efforts financiers requis pour l'accomplissement de ces tâches;

d) En ce qui concerne le mandat du bureau, il a été convenu en principe de proroger sa durée de six à 12 mois, tout en maintenant la périodicité semestrielle des réunions du Comité. Le pays qui assure la présidence du bureau abritera successivement les deux réunions du Comité;

e) Le Comité a convenu également d'inscrire à l'ordre du jour de la prochaine réunion un point portant sur le statut d'observateur ou d'invité à ses assises.

7. Divers

30. Soucieux de renforcer la sécurité, la stabilité et le développement des pays de la sous-région en promouvant davantage le respect des droits de l'homme et l'instauration de la démocratie, le Comité s'est prononcé en faveur de la création, sous l'égide du Centre pour les droits de l'homme du Secrétariat de l'ONU, d'un centre sous-régional des droits de l'homme, à Yaoundé.

31. Cet acte participe de la mise en oeuvre de la Déclaration et du Programme d'action adoptés par la Conférence mondiale sur les droits de l'homme, qui s'est tenue à Vienne du 14 au 25 juin 1993.

32. Le Centre sous-régional des droits de l'homme aura notamment pour mission de contribuer à la formation des personnels chargés de la gestion des droits de l'homme, d'apporter son appui à la création ou au renforcement des institutions nationales chargées des droits de l'homme et de concourir à la diffusion et à la

vulgarisation des instruments internationaux y relatifs.

33. Au sujet de la recommandation de sa troisième réunion relative à la participation des organisations d'intégration économique sous-régionales [Communauté économique des États de l'Afrique centrale (CEEAC), Union économique et douanière de l'Afrique centrale (UDEAC), Communauté économique des pays des Grands Lacs (CEPGL)] à ses réunions et compte tenu de leurs difficultés financières, le Comité a décidé que, en cas d'empêchement, ces organisations seront désormais représentées, respectivement, par les délégations des États qui assument leur présidence en exercice.

34. Le Comité a accueilli positivement la création par le Gouvernement du Tchad d'une commission nationale chargée d'étudier la typologie des crises et conflits en Afrique centrale.

35. Le Comité a accueilli avec satisfaction la décision du Gouvernement libyen de retirer ses troupes de la bande d'Aouzou, faisant suite à l'arrêt rendu par la Cour internationale de Justice, le 3 février 1994.

8. Présentation, examen et adoption du rapport final sur la quatrième réunion du Comité

36. Le rapport final sur la quatrième réunion du Comité consultatif permanent sur les questions de sécurité en Afrique centrale a été adopté à l'unanimité le 8 avril 1994 par la réunion ministérielle.

37. Le Comité a décidé de tenir sa cinquième réunion à Yaoundé au cours du second semestre de 1994, à une date qui devait être déterminée par son bureau.

III. CINQUIÈME RÉUNION DU COMITÉ CONSULTATIF PERMANENT SUR LES QUESTIONS DE SÉCURITÉ EN AFRIQUE CENTRALE

38. La cinquième réunion du Comité consultatif permanent sur les questions de sécurité en Afrique centrale s'est tenue à Yaoundé, du 5 au 7 septembre 1994 au niveau des experts et les 8 et 9 septembre 1994 au niveau ministériel.

39. Dix délégations des 11 États membres du Comité ont pris part à cette réunion : Angola, Burundi, Cameroun, Congo, Gabon, Guinée équatoriale, République centrafricaine, São Tomé et Principe, Tchad et Zaïre.

40. Le Rwanda a été empêché.

41. L'ouverture solennelle de la séance ministérielle a été ponctuée par les discours de M. Édouard Akame Mfoumou, Ministre délégué à la présidence, chargé de la défense, représentant le pays hôte; M. Sammy Kum Buo, Secrétaire du Comité; et M. Ferdinand Léopold Oyono, Ministre des relations extérieures du Cameroun, Président en exercice du Bureau du Comité.

A. Déroulement des travaux

1. Compte rendu de chaque délégation des mesures prises en vue de l'établissement d'un organe national de suivi des activités du Comité

42. Au terme des comptes rendus de chaque délégation, le Comité a constaté un progrès dans le processus de mise en place par chaque État membre d'un organe national de suivi des activités du Comité. Il se félicite des dispositions prises par certains de ces États et invite les autres États à suivre l'exemple du Cameroun et du Congo.

2. Participation des observateurs aux réunions du Comité

43. Après examen de ce point, le Comité a admis le principe de la participation des observateurs à ses réunions.

44. Pour ce qui concerne les organisations d'intégration économique sous-régionale (CEEAC, UDEAC, CEPGL) et l'OUA, le Comité leur accorde le statut d'observateur permanent.

45. Les autres États Membres de l'Organisation des Nations Unies, les organisations internationales et les organisations non gouvernementales, les établissements de recherche, ainsi que toute personne physique ou morale concernée par la promotion de la paix et de la sécurité internationales peuvent participer aux réunions du Comité sur leur demande et après accord du Bureau.

46. Par ailleurs, le Comité réitère sa volonté d'inviter en qualité d'expert ou de consultant, en cas de besoin, toute personne physique ou morale à participer à ses réunions.

3. Revue de la situation géopolitique et de sécurité en Afrique centrale

47. Au terme d'un échange de vues sur ce point, le Comité a constaté que, depuis sa quatrième réunion, la situation en Afrique centrale s'est aggravée dramatiquement, notamment avec la tragédie rwandaise.

48. Au regard de ces incertitudes, le Comité a formulé les recommandations suivantes :

Angola

49. En ce qui concerne l'évolution de la situation en Angola, le Comité réitère sa préoccupation quant à la lenteur des négociations en cours à Lusaka, qui durent depuis neuf mois à cause de l'intransigeance de l'UNITA.

50. Il invite, une fois de plus, les frères angolais à saisir l'opportunité de ces négociations pour parvenir à une solution urgente, juste, équitable et durable devant favoriser la restauration de la paix dans le pays.

51. Par ailleurs, le Comité renouvelle son soutien au Gouvernement angolais et encourage les efforts qu'il mène aux niveaux bilatéral et multilatéral pour une solution négociée, tout en soulignant, une fois de plus, l'importance de la déclaration sur l'Angola adoptée par la Conférence des chefs d'État et de gouvernement de l'OUA à sa vingt-neuvième session ordinaire, ainsi que les déclarations sur l'Angola adoptées par l'Organe central du mécanisme de l'OUA pour la prévention, la gestion et le règlement des conflits en Afrique.

52. Le Comité félicite la République du Congo pour avoir appliqué la résolution 864 (1994) du Conseil de sécurité interdisant le transit d'armes et le soutien logistique sur le territoire des pays voisins de l'Angola. Il invite les autres pays voisins à en faire autant.

Burundi

53. À la lumière de l'évolution de la situation au Burundi, l'attention du Comité a été portée particulièrement sur les efforts du Gouvernement visant le retour de la paix, la réconciliation nationale et la sécurité aux frontières.

54. Le Comité interpelle la communauté internationale sur la nécessité d'appuyer les efforts de réconciliation et de reconstruction nationales dans ce pays.

55. Par ailleurs, le Comité a enregistré avec intérêt et soutenu l'idée formulée par la délégation burundaise, tendant à demander à l'ONU d'organiser une conférence internationale sur la paix, la sécurité et le développement des pays de la région des Grands Lacs. Il encourage le

Gouvernement burundais à mettre en oeuvre cette initiative.

Rwanda

56. Concernant le Rwanda qui vit une catastrophe humanitaire sans précédent, le Comité exhorte la communauté internationale à redoubler d'efforts pour aider ce pays à réaliser, dans les meilleurs délais possibles, la réconciliation et la reconstruction nationales, en vue d'un retour à une vie normale.

57. Par ailleurs, le Comité a apprécié avec satisfaction l'assistance apportée par les pays voisins au peuple frère rwandais, notamment le Zaïre.

58. Il félicite également ceux de ses membres, le Congo et le Tchad, qui ont envoyé les contingents militaires pour l'assistance humanitaire au Rwanda, ainsi que le Gabon qui lui a apporté un soutien matériel et financier.

59. Le Comité invite les autres États de la sous-région à continuer à manifester concrètement leur solidarité au peuple frère rwandais.

60. Le Comité encourage la poursuite des négociations bilatérales rwando-zaïroises amorcées récemment, en vue de favoriser le retour des réfugiés chez eux. Par ailleurs, il a enregistré avec intérêt la préoccupation de la délégation zaïroise, sollicitant un soutien de la communauté internationale pour faire face aux problèmes posés par le flux des réfugiés rwandais sur son territoire, lequel constitue une menace réelle pour la sécurité du Zaïre et des autres pays voisins.

Les autres États membres

Cameroun

61. Quant au différend territorial et frontalier qui oppose le Cameroun au Nigéria, le Comité, tout en réitérant sa solidarité au Cameroun, a accueilli favorablement la reprise au sommet des pourparlers entre les deux États dans le cadre de la médiation togolaise et avec l'appui de la communauté internationale, et les encourage à poursuivre ces efforts.

Autres États

62. Pour ce qui concerne l'évolution de la situation au Congo, au Gabon, au Tchad et au Zaïre, le Comité se félicite des efforts de paix enregistrés dans ces pays et les exhorte à consolider ceux-ci.

63. Ainsi, compte tenu des incertitudes et des périls qui pèsent sur la sous-région, le Comité recommande à son bureau d'effectuer une mission de solidarité en Angola, au Burundi et au Rwanda avant la fin du présent mandat.

Recommandations particulières adressées au Bureau du Comité

64. Compte tenu des efforts financiers à consentir par les États membres du Bureau du Comité, celui-ci recommande à l'État membre qui accueille une délégation du Bureau de lui assurer les conditions de séjour et de déplacement à l'intérieur de son pays.

65. Cette contribution du pays d'accueil concerne notamment le Président et/ou un membre du Bureau.

66. Le Comité a convenu d'inscrire à l'ordre du jour de chaque réunion un point intitulé "Évaluation des recommandations faites à la réunion précédente".

4. Discussion de groupe sur le thème : "Crises et conflits en Afrique centrale : rôle et perspectives pour la diplomatie préventive"

67. Au cours d'une discussion de groupe sur le thème : "Crises et conflits en Afrique

centrale : rôle et perspectives pour la diplomatie préventive" marquant la clôture des travaux des experts, à laquelle ont été conviés, en plus des délégations participant à la réunion, des membres du gouvernement hôte, du corps diplomatique et des représentants des organisations internationales et autres personnalités, deux exposés relatifs à ce thème ont été faits par M. Shawn McCormick, Directeur adjoint à la Division Afrique au Centre d'études stratégiques à Washington, sur le rôle et la contribution des acteurs étrangers dans la résolution pacifique des conflits en Afrique centrale et M. Hassan Fall Diop, journaliste à Radio France Internationale à Paris, sur le rôle des médias dans la résolution des conflits armés en Afrique. Au cours du débat qui s'en est suivi, les participants ont procédé à un échange de vues dense sur les crises et les conflits en cours dans la sous-région, y compris notamment les mesures tendant à leur prévention. Cet exercice a été jugé enrichissant pour le Comité dans sa quête d'une plus grande compréhension des crises et conflits qui sévissent dans la sous-région.

5. Présentation des projets d'étude

68. Les quatre projets d'étude suivants ont été présentés au Comité :

a) Typologie des sources de crises et de conflits en Afrique centrale (par les délégations du Cameroun et du Tchad);

b) Accord d'assistance mutuelle en matière de défense et de sécurité entre les États membres de la CEEAC (par les délégations du Congo et du Zaïre);

c) Statut particulier de l'unité type spécialisée dans les missions de maintien de la paix (par les délégations du Congo et du Zaïre);

d) État-major non permanent de gestion de crises en Afrique centrale (par la délégation du Gabon).

69. Après un échange de vues fructueux sur ces quatre projets d'étude, le Comité a apprécié la qualité du travail accompli et la pertinence de ces études et a décidé de poursuivre leur examen à sa sixième réunion. À cet effet, le Comité a rendu un hommage mérité à ses experts.

70. Les États membres du Comité réitèrent leur engagement à participer aux opérations de maintien de la paix dans le cadre de l'ONU et de l'OUA.

71. À cet effet, ils ont pris l'engagement de créer au sein de leurs forces armées respectives une unité spécialisée dans les opérations de maintien de la paix.

72. Ils sollicitent par conséquent l'assistance de l'ONU, de l'OUA et des États tiers de s'impliquer dans la formation et la préparation de ces unités, ainsi que dans la mise en place d'un système approprié de gestion des problèmes de sécurité en Afrique centrale.

73. De même, le Comité recommande à son secrétaire, en liaison avec son bureau, de s'impliquer davantage dans la recherche des voies et moyens susceptibles de permettre au Comité d'atteindre ses objectifs.

6. Paraphe du Pacte de non agression entre les États membres de la Communauté économique des États de l'Afrique centrale

74. Au cours de la cinquième réunion du Comité, les États membres ont procédé au paraphe du Pacte de non agression entre les États membres de la Communauté économique des États de l'Afrique centrale. Pour l'ensemble des délégations, ceci a constitué un acte significatif parmi les efforts que ne cessent de déployer les pays membres du Comité dans le domaine de la diplomatie préventive. Au cours de la réunion ministérielle, le Président du Bureau du Comité a annoncé que la signature dudit pacte par les chefs d'État de la sous-région

devra intervenir avant la fin de l'année en cours et a souligné le besoin de son entrée en vigueur sans délai.

7. Présentation, examen et adoption du rapport final sur la cinquième réunion du Comité

75. Le rapport final sur la cinquième réunion du Comité consultatif permanent sur les questions de sécurité en Afrique centrale a été adopté à l'unanimité par la réunion ministérielle.

76. La sixième réunion du Comité consultatif permanent sur les questions de sécurité en Afrique centrale se tiendra à Brazzaville au cours du premier semestre de 1995, à une date qui reste à déterminer.

IV. CONCLUSION

77. L'Afrique centrale continue de se heurter à des troubles et à des conflits ouverts, notamment en Angola, au Burundi et au Rwanda. Ainsi, le Secrétaire général se doit de féliciter ici ceux des pays membres qui leur ont déjà porté secours, d'une manière ou d'une autre. En effet, la triste expérience que vivent l'Angola, le Burundi et le Rwanda en particulier a, une fois de plus, mis en exergue le besoin exprimé par le Comité pour une recherche soutenue de tous les voies et moyens possibles susceptibles de prévenir les crises, avant qu'elles ne dégénèrent en conflits ouverts.

78. Le Pacte de non agression, adopté en 1993 à l'unanimité par les États membres du Comité et dont le paraphe vient d'être réalisé, constitue, à n'en point douter, un résultat concret d'une signification non négligeable. Sa signature et son entrée en vigueur dans les meilleurs délais contribueraient certainement à atténuer bon nombre des divergences interétatiques. C'est là un début très utile, mais beaucoup reste à faire, tant dans la consolidation des progrès réalisés par l'accord sur le Pacte,

que sur la mise au point et la mise en oeuvre des mesures internes susceptibles de promouvoir une paix et une sécurité véritables dans chacun des États de la sous-région.

79. Par ailleurs, la décision des pays membres du Comité de créer au sein de leurs forces armées respectives des unités spécialisées dans le domaine du maintien de la paix est une évolution significative à même de promouvoir leur participation effective aux opérations de maintien de la paix. Les mesures appropriées devant renforcer la mise en application de cette décision devraient être prises aussi rapidement que possible.

80. Le Secrétaire général est convaincu que le travail combien utile déjà amorcé dans le cadre du Comité mérite, une fois de plus, l'appui et les encouragements continus de la communauté internationale.

A/50/474

I. INTRODUCTION

1. Dans sa résolution 49/76 C du 15 décembre 1994, l'Assemblée générale m'a notamment prié de lui présenter à sa cinquantième session un rapport sur les travaux du Comité consultatif permanent chargé des questions de sécurité en Afrique centrale. Le présent rapport, qui est axé sur les sixième et septième réunions ministérielles du Comité, fait suite à cette demande.

2. Les deux réunions ont eu lieu à Brazzaville, la première du 20 au 24 mars et la seconde du 28 août au 1er septembre 1995. M. Wilfrid de Souza, Directeur de la Division de l'Afrique II du Département des affaires politiques, et mon Représentant spécial en Angola, M. Alioune Blondin Beye, m'ont représenté l'un à la sixième réunion et l'autre à la septième.

Dans les deux cas, ils ont donné lecture d'un message en mon nom. Le Secrétaire général de l'Organisation de l'unité africaine a également adressé un message à chacune des réunions par l'entremise de son représentant. Les deux réunions ont été présidées par S. E. le général Joachim Yhombi Opango, Premier Ministre et chef de gouvernement du Congo.

3. À la sixième réunion, le bureau ci-après a été élu pour diriger les travaux du Comité pendant un an : Congo, Président; Angola, Premier Vice-Président; Zaïre, Second Vice-Président; Guinée équatoriale, Rapporteur.

II. DÉLIBÉRATIONS DES SIXIÈME ET SEPTIÈME RÉUNIONS

4. Durant les sixième et septième réunions ministérielles, le Comité a axé ses travaux sur les grandes questions ci-après :
a) examen de la situation géopolitique et de la situation en matière de sécurité en Afrique centrale; b) examen de l'étude sur la typologie des sources de crise et de conflit en Afrique centrale; c) examen du projet de protocole sur l'assistance mutuelle en matière de défense et de sécurité et du projet de statut d'une unité pilote pour les opérations de maintien de la paix en Afrique centrale; d) examen de la question de la création d'un état-major non permanent pour la gestion des crises en Afrique centrale; et e) examen d'un projet de budget du Comité.

A. Examen de la situation géopolitique et de la situation en matière de sécurité en Afrique centrale

5. Le Comité a coutume d'examiner la situation géopolitique et la situation en matière de sécurité dans la sous-région à chacune de ses réunions en vue de rechercher des moyens pratiques de résoudre les problèmes existants ou potentiels susceptibles d'être source de conflits dans chacun des pays concernés.

6. Après un échange de vues sur la question, le Comité a noté que la situation en matière de sécurité en Afrique centrale s'était quelque peu améliorée depuis l'an dernier. Il a, toutefois, observé que le Burundi et le Rwanda continuaient à susciter de profondes préoccupations. La délégation rwandaise a exprimé des réserves quant à cette évaluation de la situation dans son pays.

7. Le Comité s'est félicité de l'adoption, le 28 août 1995, de la résolution 1012 (1995) du Conseil de sécurité concernant la création d'une commission d'enquête internationale chargée d'établir les faits concernant l'assassinat du Président du Burundi le 21 octobre 1993, ainsi que les massacres et les autres actes de violence graves qui ont suivi. Le Comité a en outre pris note avec satisfaction de l'initiative prise par l'Organisation de l'unité africaine pour favoriser la restauration de la paix et de la sécurité dans la sous-région, en particulier au Burundi, par le biais de mesures diplomatiques et d'une mission militaire.

8. Le Comité s'est félicité des mesures prises par les autorités du Cameroun, de la République centrafricaine et du Tchad pour mettre un terme aux activités des bandits de grand chemin, des progrès notables réalisés en Angola dans l'application des Protocoles de Lusaka, et du retour à la constitutionnalité de São Tomé et Principe après une tentative de coup d'État.

9. Le Comité a engagé, sur la base d'un document présenté par la délégation congolaise, un échange de vues sur la question de l'intervention étrangère à des fins humanitaires dans la sous-région. Il a décidé de reporter à la huitième réunion la poursuite de l'examen de cette question.

10. Le Comité garde en permanence à l'étude la question de la prolifération des armes légères dans la sous-région. La multiplication de ces armes, notamment dans la population civile et dans les groupes

armés des pays de la sous-région, a contribué à la survenance et à l'aggravation de conflits dans la région et a sapé les efforts déployés par les gouvernements pour assurer la sécurité, l'ordre et le développement durable. Dans le cadre de la sixième réunion ministérielle, M. William Eteki-Mboumoua, ex-Secrétaire général de l'Organisation de l'unité africaine, a fait un exposé sur la question en sa qualité de chef de la mission consultative sur la prolifération des armes légères dans la sous-région du Sahara et du Sahel. Le Comité a décidé à cet égard de convoquer à une date ultérieure une réunion des ministres de la défense et des ministres de l'intérieur des États membres pour examiner les questions de façon plus approfondie.

11. Des débats ont eu lieu sur la question de la création d'un registre des armes pour la sous-région et sur la nécessité de promouvoir la transparence. On a également fait valoir dans ce contexte l'importance d'un contrôle effectif des trafics d'armes. Pour de nombreux participants, la création, à l'échelle de la sous-région, d'un registre dans lequel seraient consignées notamment des données sur l'effectif des forces et sur les armes légères apporterait une contribution utile au Registre des armes classiques de l'Organisation des Nations Unies. De nombreuses délégations ont émis l'avis que les catégories d'armes dont traitait le Registre des Nations Unies sous sa forme actuelle étaient trop limitées.

12. À sa septième réunion, le Comité a adopté la Déclaration de Brazzaville sur la coopération pour la paix et la sécurité en Afrique centrale. Dans cette déclaration, les États membres se sont déclarés profondément préoccupés par la persistance des tensions et de la violence dans la sous-région et ont défini dans les grandes lignes un certain nombre de mesures visant à améliorer la situation, notamment la tenue de l'une des prochaines réunions du Comité au Siège de l'Organisation des Nations Unies afin de

permettre un plus vaste échange de vues avec les organes de l'ONU qui participent à la recherche de solutions aux problèmes de la sous-région. Le texte de la Déclaration est reproduit à l'annexe I du présent rapport.

B. Examen du projet d'étude sur la typologie des sources de crise et de conflit

13. La typologie, fondée sur une étude réalisée par le Cameroun et le Tchad à la demande du Comité, a été adoptée à la sixième réunion. L'étude, qui est reproduite à l'annexe II du présent rapport, a identifié, à la lumière de l'expérience récente des pays d'Afrique centrale, des sources de tension, de crise et de conflit aux plans interne, interétatique et international.

C. Projet de protocole sur l'assistance mutuelle en matière de défense et de sécurité et le statut d'une unité pilote spécialisée dans les missions de maintien de la paix

14. À la septième réunion, les délégations congolaise et zaïroise ont présenté l'étude qui leur avait été demandée à la quatrième réunion en 1994. Le Comité a pris note du projet de texte présenté par les deux pays et en a reporté l'examen à la huitième réunion de façon à permettre aux États membres de l'étudier de façon approfondie.

15. En ce qui concerne le statut d'une unité pilote spécialisée dans les opérations de maintien de la paix qui serait constituée au sein des forces armées des États membres, le Comité a adopté le mandat proposé par le Congo et le Zaïre à la sixième réunion. Il a fortement encouragé d'autres États membres à créer de telles unités, suivant en cela l'exemple de la Guinée équatoriale, du Tchad et du Zaïre. De telles unités, a-t-on souligné, pourraient si besoin est être mises à disposition pour des opérations de maintien de la paix, en particulier dans la sous-région. Le Secrétaire général a été prié de prêter le concours de l'Organisation des Nations Unies pour l'instruction du

personnel de ces unités.

D. Examen de la question de la création d'un état-major non permanent pour la gestion des crises

16. À sa septième réunion, le Comité a achevé l'examen de la question, en tenant compte en particulier de l'étude réalisée par la délégation gabonaise. Il a adopté la proposition et a chargé les comités nationaux créés par les États membres pour assurer le suivi de ses travaux de rassembler des informations sur les crises. La coordination des travaux des comités nationaux dans ce domaine a été confiée au bureau du Comité.

E. Examen du budget du bureau

17. Le Comité a remercié la délégation congolaise d'avoir établi un projet de budget pour son bureau à la suite d'une recommandation faite à la sixième réunion. L'examen et l'adoption du projet de budget ont été reportés à la huitième réunion. Pour assurer la soudure, un fonds d'affectation spéciale d'un montant de 11 millions de francs CFA, soit une contribution de 1 million de la part de chacun des États, a été constitué de façon que le Président du bureau puisse, à la demande du Comité, mener des missions de solidarité dans les pays en conflit de la sous-région. Il a été décidé que les fonds prévus seraient versés pour le 31 mars 1996 et que les États membres ainsi que tout autre donateur de la région ou de l'extérieur qui le souhaiterait pourraient faire des contributions volontaires.

III. CONCLUSIONS ET OBSERVATIONS

18. L'Afrique centrale continue de connaître de graves problèmes, profondément enracinés, qui menacent sa stabilité et son avenir. Les deux réunions que le Comité a tenues en 1995 ont de nouveau donné à ses États membres l'occasion de prendre des décisions qui, si elles s'accompagnent de la volonté politique voulue et de mesures pratiques, devraient accroître les chances de la paix et faire reculer celles de la guerre dans la sous-région.

19. Il est donc capital que les gouvernements concernés prennent des mesures concrètes pour donner corps aux engagements qu'ils ont pris en faveur de la paix et de la coopération ainsi qu'aux diverses recommandations et décisions qu'ils ont adoptées à cette fin. La Déclaration de Brazzaville sur la coopération pour la paix et la sécurité en Afrique centrale, que le Comité a adoptée à sa septième réunion, représente un nouveau pas important dans la recherche par le Comité d'un avenir plus prometteur pour l'Afrique centrale. Toutefois, elle ne sera utile dans la pratique que si les mesures qu'elle prévoit sont vraiment appliquées.

20. Le coût élevé des conflits dans la sous-région, tant du point de vue financier que du point de vue humain, rend nécessaire la prise de mesures plus radicales pour empêcher de nouveaux troubles. Pour ce faire, il faudra que tous les intéressés, au niveau national et au niveau interétatique, fassent preuve de patience, de modération et de tolérance. Le rôle de l'Organisation des Nations Unies a été d'offrir un mécanisme permettant aux pays de la région de chercher à harmoniser leurs stratégies en faveur de la paix et de la confiance mutuelle. Mais c'est aux pays eux-mêmes que revient au premier chef la responsabilité d'en tirer profit.

21. Je me félicite du sens des responsabilités et du sérieux qu'ont manifestés les pays d'Afrique centrale face aux problèmes de plus en plus complexes et pluridimensionnels auxquels est confrontée la sous-région, en particulier le problème des réfugiés et les autres problèmes d'ordre humanitaire. Beaucoup de ces pays, notamment le Zaïre, ont accueilli sur leur territoire un grand nombre

de réfugiés chassés de chez eux par des conflits dans des États voisins. Le problème des réfugiés et des personnes déplacées, qui se fait de plus en plus aigu dans la sous-région, n'est pas seulement une tragédie humaine mais constitue aussi une menace potentielle pour la paix et le développement durables. Il faut s'attaquer à tous ses aspects. J'encourage les États membres à soutenir les efforts déployés par mon Envoyé spécial pour la région des Grands Lacs de l'Afrique centrale, M. José Luis Jesús, qui mène actuellement des consultations pour préparer la convocation d'une conférence sur la sécurité, la stabilité et le développement dans la région.

22. Je demeure convaincu que le Comité peut fortement contribuer à la restauration de la paix et de la sécurité dans cette partie de l'Afrique, mais je continue de craindre que son efficacité ne soit compromise si ses décisions et les mesures dont il a convenu ne sont toujours pas appliquées.

ANNEXE I

(Pour le texte de la <u>Déclaration de Brazzaville sur la coopération pour la paix et la sécurité en Afrique centrale</u>, voir "Autres documents", page 85)

ANNEXE II

(Pour le texte de la <u>Typologie des sources de conflit dans la sous-région d'Afrique centrale</u>, voir "Autres documents", page 102)

A/51/287

I. INTRODUCTION

1. Dans sa résolution 50/71 B du 12 décembre 1995, l'Assemblée générale a notamment réaffirmé son soutien au programme de travail du Comité consultatif permanent des Nations Unies chargé des questions de sécurité en Afrique centrale et a exhorté les États membres de ce comité à mettre en oeuvre les mesures concrètes qu'ils avaient déjà adoptées dans le cadre du programme de travail du Comité. L'Assemblée m'a également prié de continuer à fournir une assistance aux États membres du Comité et de lui faire rapport à sa cinquante et unième session sur l'application de cette résolution. Le présent rapport, axé sur les activités menées par le Comité depuis l'adoption de la résolution 50/71 B, fait suite à cette demande.

2. Au cours de la période considérée, le Comité a considérablement intensifié et élargi ses activités. Des consultations et des réunions plus officielles ont eu lieu à différents niveaux, les États membres du Comité poursuivant leurs efforts visant à faire face aux menaces persistantes à la paix et à la sécurité dans la sous-région de l'Afrique centrale en vue de promouvoir des mesures durables de confiance et de restriction de l'emploi des armes et de prévenir d'autres troubles dans la sous-région.

3. J'ai suivi avec intérêt l'évolution de la situation dans la sous-région et ai participé personnellement à la première réunion des chefs d'État et de gouvernement des pays membres du Comité tenue à Yaoundé le 8 juillet 1996. J'y ai réaffirmé le soutien de l'Organisation des Nations Unies aux buts et objectifs du Comité. Le 23 juin 1996, avant le sommet, j'ai rencontré à Genève M. Destin Arsène Tsaty-Boungou, Ministre congolais des affaires étrangères, en sa qualité de Président du Bureau du Comité. Il m'a informé des priorités et plans du Comité concernant l'exécution de son programme de travail. En outre, M. Prvoslav Davinić, Directeur du Centre pour les affaires de désarmement du Département des affaires politiques du Secrétariat, m'a représenté à la huitième réunion ministérielle du Comité tenue à Yaoundé du 15 au 19 avril 1996 et a fait une déclaration en mon nom. Cette réunion

était présidée par S. E. M. Simon Achidi Achu, Premier Ministre et chef du Gouvernement du Cameroun. Le Secrétariat a également fourni des services techniques à la réunion ministérielle du Bureau du Comité tenue à Brazzaville les 14 et 15 juin 1996.

II. DÉLIBÉRATIONS DE LA RÉUNION MINISTÉRIELLE ET DU SOMMET DU COMITÉ TENUS EN 1996

4. La préoccupation face à la persistance des tensions et des conflits dans la sous-région et la menace apparemment croissante d'une détérioration de la situation du fait de la violence et de l'instabilité, en particulier dans la région des Grands Lacs, ont considérablement marqué les délibérations du Comité au cours de la période considérée. On a estimé dès le début de la huitième réunion ministérielle que les États membres devaient examiner au plus haut niveau la situation de plus en plus dangereuse dans la sous-région afin d'élaborer un plan d'action régional concret.

5. À la huitième réunion ministérielle à Yaoundé, comme à la réunion du Bureau à Brazzaville, on a estimé que la recherche de solutions aux problèmes politiques et de sécurité dans la sous-région de l'Afrique centrale incombait au premier chef aux gouvernements et aux peuples des pays concernés, mais qu'une action concertée au niveau sous-régional et au-delà était nécessaire pour que celles-ci soient durables. La réunion au sommet a donc fourni une occasion historique de jeter les bases d'une stratégie en vue d'une coopération sous-régionale efficace sur les questions de paix et de sécurité. Par ailleurs, les ministres ont réaffirmé l'impérieuse nécessité d'un appui international continu et accru, notamment aux efforts visant à lutter contre la prolifération des armes en Afrique centrale, à désamorcer des situations potentiellement catastrophiques et à satisfaire les besoins humanitaires essentiels de millions de réfugiés et de personnes déplacées dans la région.

6. À leur réunion du 8 juillet 1996, les chefs d'État et de gouvernement des pays membres du Comité se sont engagés en faveur d'une coopération sous-régionale en matière de sécurité et ont défini des mesures concrètes à prendre à cette fin. Ils ont souligné l'impérieuse nécessité de prévenir les conflits à l'avenir, tant dans les États de la sous-région qu'entre ceux-ci.

7. Les mesures concrètes arrêtées par les chefs d'État et de gouvernement sont notamment les suivantes :

a) Création et promotion de systèmes de conduite avisée des affaires publiques et de démocratie participative, et appui à ceux-ci;

b) Organisation, sous l'égide des Nations Unies, de séminaires à l'intention des membres des forces armées, des forces paramilitaires (gendarmerie) et de la police des États membres du Comité consultatif permanent en vue de promouvoir une culture de paix durable et la responsabilité dans le contexte démocratique;

c) Adoption et application de mesures de confiance à l'échelon sous-régional, notamment la signature et l'application effective du Pacte de non agression entre les États de l'Afrique centrale;

d) Exécution, avec l'aide de l'Organisation des Nations Unies et de l'ensemble de la communauté internationale, d'un programme de désarmement visant à faire face au problème de la prolifération anarchique des armes;

e) Mise en place, sous les auspices des Nations Unies, d'un mécanisme sous-régional d'alerte rapide afin de suivre l'évolution de la situation en Afrique centrale, en vue d'empêcher que les crises ou les tensions potentielles ne dégénèrent en conflit armé;

f) Création, au sein des forces armées, des forces paramilitaires et de la police des États membres du Comité, d'unités spécialisées qui pourraient être affectées à des missions de paix des Nations Unies ou de l'Organisation de l'unité africaine (OUA);

g) Tenue, à intervalles réguliers, de réunions des chefs d'État ou de gouvernement, dans le cadre du Comité consultatif permanent chargé des questions de sécurité en Afrique centrale, pour examiner les questions de paix et les questions connexes liées à la sécurité dans la sous-région.

8. Au sommet, les chefs d'État ou de gouvernement des huit États membres du Comité ci-après ont officiellement signé le Pacte de non agression : Burundi, Cameroun, Congo, Guinée équatoriale, Gabon, São Tomé et Principe, Tchad et Zaïre. Ils ont également demandé à leurs ministres d'élaborer d'urgence et conjointement les modalités pratiques en vue de l'exécution d'un programme efficace visant à lutter contre la prolifération des armes en Afrique centrale et d'examiner avec les représentants de l'Organisation des Nations Unies des voies et moyens concrets de mettre en place le mécanisme d'alerte rapide proposé et d'en assurer le fonctionnement.

9. Conscients des ressources financières et des autres ressources matérielles nécessaires pour exécuter pleinement et efficacement leur programme de stabilisation sous-régionale, les dirigeants d'Afrique centrale ont lancé un appel en vue du renforcement de la coopération avec les donateurs bilatéraux et multilatéraux dans le cadre d'un partenariat pour la paix et la sécurité dans la sous-région. Ils ont exprimé leur reconnaissance aux donateurs qui ont déjà contribué ou envisagent de contribuer au Fonds d'affectation spéciale mis en place par l'Organisation des

Nations Unies en vue de recevoir des contributions volontaires pour financer l'exécution du programme de travail du Comité.

III. AUTRES ACTIVITÉS ET PROGRAMMES CONNEXES EN 1996

10. Les États membres ont continué de créer des comités nationaux chargés d'assurer effectivement le suivi au niveau national afin de promouvoir les activités du Comité et ses objectifs. Ils ont également continué de prendre les mesures pratiques nécessaires pour créer au sein de leurs forces armées respectives des unités spécialisées pouvant être affectées à de futures opérations de paix des Nations Unies ou de l'Organisation de l'unité africaine.

11. S'agissant des unités de paix, l'Assemblée générale, dans sa résolution 50/71 B, a accueilli avec satisfaction la décision prise par les États membres du Comité de créer de telles unités. Elle a accueilli également avec satisfaction la participation de certains États membres du Comité aux opérations de paix en cours dans la sous-région et prié les États Membres de l'Organisation des Nations Unies et les organisations gouvernementales et non gouvernementales de promouvoir et de faciliter la mise en place d'un programme de formation sur les opérations de paix dans la sous-région en vue de renforcer la capacité de ces unités. En coopération avec l'Académie internationale pour la paix et grâce à un financement du Gouvernement japonais, le Secrétariat organisera prochainement à Yaoundé le premier programme de formation sur les opérations de paix à l'intention des cadres militaires et civils des pays d'Afrique centrale. Ce stage doit permettre de former les cadres qui, de retour dans leur pays, serviront d'instructeurs et épauleront les unités mises en place au sein de leurs forces armées nationales respectives.

12. Tout portait à croire en 1996 que davantage d'efforts étaient faits pour promouvoir la transparence et la coopération entre États en ce qui concerne les questions militaires et de sécurité dans la sous-région. À leur huitième réunion ministérielle en avril, les États membres du Comité ont reconnu comme mesure de confiance le principe de la création d'un registre sous-régional des armes permettant de surveiller les acquisitions et les cessions d'armes en Afrique centrale en vue de leur contrôle et de leur réduction. Réaffirmant leur conviction que l'instabilité dans tout pays africain menaçait la sécurité de l'ensemble de la région, ils ont fait preuve d'un intérêt croissant pour l'idée de contribuer au règlement pacifique des conflits en cours en Afrique centrale. Les membres du Bureau du Comité envisagent de se rendre en Angola, au Burundi, au Rwanda et au Zaïre pour apporter l'appui et les encouragements des autres pays d'Afrique centrale aux efforts déployés en ce sens en Angola et dans la région des Grands Lacs. Le Président du Bureau doit également s'entretenir avec l'ancien Président tanzanien, Mwalimu Julius K. Nyerere, en sa qualité de médiateur de l'OUA pour la paix dans la région des Grands Lacs. Le Comité a souligné l'importance d'une action africaine coordonnée dans la recherche d'une solution satisfaisante aux problèmes complexes que connaît cette partie de la sous-région de l'Afrique centrale.

13. En 1996, les États membres du Comité consultatif permanent ont continué de réaffirmer leur appui au processus de démocratisation dans la sous-région. À la réunion que j'ai eue à Genève le 23 juin avec le Président du Bureau, celui-ci m'a informé que les États membres du Comité, convaincus qu'une paix durable dans la sous-région pourrait voir le jour à long terme dans le cadre de la démocratie et d'une conduite avisée des affaires publiques, ont décidé de tenir en décembre 1996 une conférence sous-régionale sur le thème

"Institutions démocratiques et paix en Afrique centrale". La réunion, prévue à Brazzaville, permettra d'examiner, entre autres, la primauté du droit et le rôle des forces armées dans un système démocratique. Le Président du Bureau a également demandé l'appui et la coopération de l'Organisation des Nations Unies pour la tenue de cette conférence.

IV. ASPECTS ADMINISTRATIFS ET FINANCIERS

14. Dans sa résolution 50/71 B, l'Assemblée générale m'a à la fois demandé de continuer à fournir une assistance aux États membres du Comité consultatif permanent et d'établir un fonds d'affectation spéciale auquel les États Membres de l'Organisation des Nations Unies et les organisations gouvernementales et non gouvernementales pourraient verser des contributions volontaires additionnelles pour la mise en oeuvre du programme de travail du Comité. Le 18 mars 1996, j'ai créé le Fonds d'affectation spéciale du Comité consultatif permanent chargé des questions de sécurité en Afrique centrale et invité les États Membres et les organisations gouvernementales et non gouvernementales à y contribuer. Les États membres du Comité ont immédiatement annoncé qu'ils contribueraient au Fonds qui a déjà reçu des contributions de certains gouvernements. Les Gouvernements camerounais et congolais ont également fait des contributions en fournissant un appui matériel et en prenant d'autres dispositions pratiques pour l'organisation du Sommet de Yaoundé sur la sécurité en Afrique centrale tenu en juillet et de la réunion des membres du Bureau du Comité tenue en juin à Brazzaville. En outre, le Gouvernement japonais a fait une contribution de 600 000 dollars et plusieurs autres gouvernements et organisations ont indiqué qu'ils examinaient l'appel de contributions.

15. Du fait de la persistance de la crise

financière que connaît l'Organisation des Nations Unies, le nombre de réunions ministérielles du Comité a été réduit à une par an pour la période biennale en cours. Les ressources financières nécessaires à des réunions et activités supplémentaires au cours de la période biennale devront provenir de contributions volontaires.

V. CONCLUSIONS ET OBSERVATIONS

16.   La première réunion des chefs d'État ou de gouvernement des pays membres du Comité consultatif permanent des Nations Unies chargé des questions de sécurité en Afrique centrale et la Déclaration publiée à cette occasion (A/51/274, annexe) feront date dans la vie du Comité et dans la recherche d'une paix et d'une sécurité durables dans cette sous-région troublée.

17.   Comme le montre l'évolution de la situation au Burundi et dans toute la région des Grands Lacs, l'Afrique centrale continue, en 1996, de se heurter à d'énormes problèmes politico-militaires et de sécurité qui entravent les perspectives de redressement et de progrès socio-économiques et menacent la paix et la stabilité à long terme dans la région. La volonté politique dont ont fait preuve les participants au sommet sous-régional sur la sécurité attestait assurément l'engagement des États de la région à résoudre, au plus haut niveau et de manière concertée, les problèmes complexes qui se posaient. Je partage le sentiment de préoccupation, voire d'appréhension des dirigeants. Du fait de la nature explosive des conflits en Afrique centrale, l'instabilité dans toute partie de la sous-région pourrait avoir une incidence sur la sécurité de l'ensemble de la zone.

18.   En signant le Pacte de non-agression, en réaffirmant leur engagement en faveur du désarmement et en décidant de prendre les dispositions nécessaires pour créer un mécanisme sous-régional d'alerte rapide, les chefs d'État ou de gouvernement ont

jeté des bases solides pour assurer à l'Afrique centrale un avenir plus prometteur. La signature du Pacte par tous les États de la sous-région et la mise en oeuvre efficace et effective des décisions prises par les chefs d'État ou de gouvernement contribueraient à faire de cette promesse une réalité. Par ailleurs, je me félicite que les membres du Comité consultatif permanent aient reconnu collectivement que la paix et la sécurité de la sous-région ne pouvaient être assurées à long terme que par le respect des droits de l'homme, la démocratisation, l'instauration de l'État de droit et le développement socio-économique.

19.   Je salue vivement et j'encourage l'organisation du premier séminaire de formation en Afrique centrale visant à préparer les unités créées par les États membres du Comité à une éventuelle participation à des opérations de paix. Comme l'Assemblée générale, j'appuie la décision des États concernés de mettre en place les unités et de participer aux opérations futures. Cette décision témoigne d'un engagement ferme de la part des pays d'Afrique centrale à prendre des mesures concrètes pour promouvoir la confiance et la coopération en matière de sécurité dans la sous-région. J'appuie également l'appel lancé aux États Membres de l'Organisation des Nations Unies et aux organisations gouvernementales et non gouvernementales pour qu'ils contribuent, par la formation, au renforcement de la capacité des unités de paix d'Afrique centrale afin qu'elles soient opérationnelles à bref délai en cas de nécessité. Je voudrais exprimer ma satisfaction et ma reconnaissance profondes au Gouvernement japonais, dont la généreuse contribution financière a permis d'organiser le premier programme de formation et au Gouvernement camerounais, qui a accueilli ce programme et lui a fourni l'appui logistique nécessaire sur le plan local.

20.   Les activités menées par le Comité

consultatif permanent en 1996 ont démontré, encore une fois, que celui-ci est un instrument très prometteur dans l'action entreprise pour mettre fin aux fléaux que sont la violence et la destruction dans l'une des sous-régions les plus instables de l'Afrique. Le Comité continue de faire preuve d'un grand sens des responsabilités et de beaucoup de sérieux face à la complexité des problèmes et des enjeux. La communauté internationale devrait donc continuer à lui apporter son appui et à l'encourager. J'invite instamment les États Membres et l'ensemble de la communauté internationale à contribuer le plus généreusement possible au Fonds d'affectation spéciale des Nations Unies créé en vue d'aider le Comité à exécuter son programme de travail.

A/52/293

I. INTRODUCTION

1.   Dans sa résolution 51/46 C du 10 décembre 1996, l'Assemblée générale a réaffirmé son soutien aux efforts visant à promouvoir les mesures de confiance aux niveaux régional et sous-régional afin d'atténuer les tensions et les conflits en Afrique centrale et d'encourager la non-prolifération des armes et le règlement pacifique des différends dans la sous-région. À cette fin, l'Assemblée, ayant réaffirmé son soutien au programme de travail du Comité consultatif permanent des Nations Unies chargé des questions de sécurité en Afrique centrale, a prié le Secrétaire général de continuer à fournir une assistance aux États membres du Comité et de lui présenter à sa cinquante-deuxième session un rapport sur l'application de la résolution. Le présent rapport met l'accent sur les activités menées par le Comité depuis que le Secrétaire général a soumis, le 14 août 1996, son précédent rapport à l'Assemblée générale à sa cinquante et unième session

(A/51/287).

2.   Durant la période considérée, les populations de l'Afrique centrale ont continué à pâtir de l'instabilité politique et des conflits; j'ai toutefois été encouragé de noter que les États eux-mêmes de la sous-région étaient de plus en plus résolus à redoubler d'efforts afin d'empêcher que les troubles ne s'amplifient et de promouvoir une paix durable.

3.   Conscients qu'une paix durable dans leur région ne saurait être imposée de l'extérieur, les pays d'Afrique centrale, dans une mesure croissante, se sont consultés mutuellement et ont participé à plusieurs efforts déployés à divers niveaux afin de faire face aux menaces contre la paix et la sécurité dans la sous-région.

4.   L'Organisation des Nations Unies a suivi et appuyé ces efforts. Les 2 et 3 décembre 1996, les chefs d'État et de gouvernement des États membres du Comité consultatif permanent ont tenu à Brazzaville une réunion extraordinaire au sommet afin d'examiner les crises persistantes dans la région des Grands Lacs de l'Afrique centrale, tout particulièrement au Zaïre[2] (voir S/1996/1006, annexe). Le Représentant spécial du Secrétaire général en Angola, M. Alioune Blondin Beye, représentait mon prédécesseur à cette réunion.

5.   Durant ma première mission officielle en Afrique, que j'ai effectuée peu après avoir pris mes fonctions de Secrétaire général, j'ai assisté à la réunion au sommet de l'Organe central du Mécanisme de l'Organisation de l'unité africaine (OUA)

_____

    2/ Par une communication en date du 20 mai 1997, l'État Membre qui s'appelait précédemment "Zaïre" a informé le Secrétariat qu'il portait, depuis le 17 mai, le nom de "République démocratique du Congo".

pour la prévention, la gestion et le règlement des conflits, qui a eu lieu à Lomé, le 26 mars 1997, afin de faire face à la crise zaïroise. J'ai lancé un appel au dialogue et à la négociation pacifique et souligné la nécessité de s'engager fermement en faveur d'une paix durable et d'un effort de reconstruction reposant sur la démocratie, l'état de droit et le respect des droits de l'homme. J'ai également chargé mon Représentant spécial pour les Grands Lacs, M. Mohamed Sahnoun, de me représenter à un sommet régional que le Président El Hadj Omar Bongo a convoqué à Libreville, le 8 mai 1997, afin de chercher une solution politique pacifique à la crise zaïroise.

6.   Entre-temps, je me suis entretenu à New York, le 12 février 1997, avec M. Destin-Arsène Tsaty-Boungou, Ministre des affaires étrangères du Congo, qui, en sa qualité de Président du Bureau du Comité consultatif permanent, m'a informé du programme de travail du Comité et, en particulier, d'une conférence régionale qu'il était envisagé de convoquer sur le thème "Institutions démocratiques et paix en Afrique centrale". J'ai appuyé cette initiative, y voyant une occasion opportune de promouvoir l'état de droit dans les pays d'Afrique centrale et de contribuer ainsi à la stabilité dans la sous-région. Cette conférence, qui devait initialement avoir lieu du 20 au 25 avril 1997 à Brazzaville, a été reportée à une date future que fixerait le Bureau du Comité, en raison de la situation critique qui régnait alors dans le Zaïre voisin.

7.   En outre, à l'invitation du Gouvernement gabonais, j'ai demandé à M. Sahnoun de me représenter à la neuvième réunion ministérielle du Comité qui s'est tenue à Libreville du 7 au 11 juillet 1997, et d'y prononcer une allocution en mon nom. À cette réunion, qui était présidée par M. Paulin Obame Nguema, Premier Ministre et Chef du Gouvernement gabonais, le Comité consultatif permanent a élu les nouveaux membres suivants de son bureau : Président, Gabon; premier Vice-Président, Angola; deuxième Vice-Président, Tchad; Rapporteur, Burundi. Le Secrétariat a continué d'assurer un appui technique et fonctionnel aux diverses activités du Comité, y compris le sommet de Brazzaville en décembre 1996 et la réunion ministérielle de Libreville en juillet 1997.

II. DÉLIBÉRATIONS DE LA RÉUNION MINISTÉRIELLE DU COMITÉ TENUE EN 1997

8.   Les préoccupations suscitées par la persistance des tensions et des hostilités dans la sous-région, en particulier par le conflit actuel au Congo et le processus de paix en République centrafricaine, ont dominé les débats de la neuvième réunion ministérielle du Comité. Dix des 11 États membres du Comité y ont participé, le Rwanda étant absent.

9.   Tout en déplorant que la violence ait continué de se propager dans la région, comme le montraient les hostilités armées déclenchées à Brazzaville en juin 1997, les participants se sont néanmoins félicités de ce qu'ils considéraient comme une amélioration encourageante de la situation dans un certain nombre d'autres États d'Afrique centrale. À cet égard, ils ont accueilli avec une satisfaction particulière le retour au calme dans la République démocratique du Congo et la levée partielle de l'embargo à l'encontre du Burundi. Ils ont également demandé que les sanctions décrétées à l'égard de ce dernier pays soient entièrement levées et que des opérations de paix des Nations Unies soient mises en place au Congo et en République centrafricaine afin d'aider à résoudre les situations de conflit qui y régnaient.

10.   Les représentants ont étudié diverses issues aux crises actuelles et ont examiné aussi de près comment éviter en premier lieu que des conflits n'éclatent. Ils ont souligné que la prévention était un moyen

plus efficace, plus accessible et bien moins coûteux que l'action visant à gérer ou résoudre les crises alors qu'elles avaient déjà dégénéré en affrontements armés. Ils ont par conséquent demandé que des mesures concrètes soient prises pour créer et faire fonctionner efficacement, à la date la plus rapprochée, le mécanisme d'alerte rapide pour l'Afrique centrale que les chefs d'État et de gouvernement, lors de leurs réunions au sommet tenues à Yaoundé en juillet 1996 et à Brazzaville en décembre 1996, avaient décidé d'établir sous les auspices du Comité consultatif permanent.

11.   Les participants à la réunion ministérielle ont également demandé que des mesures efficaces soient prises contre les transferts et les mouvements illicites d'armes en Afrique centrale, afin d'aider à prévenir le déclenchement de conflits armés dans la sous-région. Les représentants ont souligné à ce sujet qu'il conviendrait, en plus de limiter les armements, de s'attacher à réduire les forces armées. Ils ont instamment demandé qu'un appui international soit apporté aux programmes entrepris par les États d'Afrique centrale eux-mêmes pour recycler les combattants démobilisés afin de les aider à se réinsérer sans problème dans la vie civile.

12.   Les participants ont reconnu une fois encore l'utilité de mesures de confiance efficaces pour les États d'Afrique centrale dans le domaine de la sécurité, en tant que moyen de renforcer la coopération entre États qui était jugée essentielle pour que progressent sensiblement la paix et la stabilité durables dans la sous-région. Ils ont demandé à tous les États membres du Comité de signer le Pacte de non-agression et d'en respecter pleinement les dispositions. Ils sont également convenus que la convocation de réunions régulières entre leurs hauts responsables militaires et de la sécurité, ainsi que l'organisation de patrouilles et d'exercices militaires conjoints et la participation à des opérations de paix sous-régionales ou régionales,

contribueraient non seulement à faire face à des problèmes spécifiques tels que la lutte contre le commerce illicite des armes et des drogues et à résoudre des conflits particuliers, mais aussi à renforcer d'une manière générale la transparence et la confiance entre les États d'Afrique centrale.

13.   Les participants ont réaffirmé que, s'il incombait au premier chef à leurs pays respectifs de résoudre les problèmes politiques et de sécurité de la sous-région, l'appui de la communauté internationale tout entière contribuerait à assurer le succès durable des divers efforts de paix. Dans ce contexte, les participants ont échangé des vues avec les représentants de quatre membres permanents du Conseil de sécurité sur les moyens de renforcer la coopération entre le Conseil et les États d'Afrique centrale en matière de maintien de la paix et de la sécurité dans la sous-région. Les membres permanents avaient été invités par le gouvernement hôte à la neuvième réunion ministérielle.

14.   Lors de la réunion, les représentants de quatre membres permanents du Conseil de sécurité (le Royaume-Uni de Grande-Bretagne et d'Irlande du Nord ne s'étant pas fait représenter) ont souligné en particulier l'importance de l'action préventive en vue d'empêcher de futurs conflits armés dans la région et ont brièvement décrit les mesures et les programmes adoptés par leurs pays respectifs afin d'appuyer les efforts de paix en Afrique centrale. À cet égard, la France et les États-Unis d'Amérique ont informé les participants d'un programme entrepris conjointement avec le Royaume-Uni pour renforcer la capacité des États africains de participer plus efficacement aux opérations de paix dans la région.

15.   Les États membres du Comité ont lancé un appel à la communauté internationale afin qu'elle appuie les divers efforts du Comité visant à renforcer la stabilité dans la sous-région, y compris en particulier l'initiative qu'ils avaient prise de

créer à Libreville un mécanisme sous-régional d'alerte rapide dans le but de prévenir les conflits armés en Afrique centrale.

III. PROGRAMMES ET ACTIVITÉS POUR 1997/98 NÉCESSITANT DES CONTRIBUTIONS VOLONTAIRES

16. À sa neuvième réunion ministérielle, le Comité est convenu d'entreprendre un certain nombre de programmes et d'activités pour le reste de 1997 et le début de 1998 (voir A/52/283-S/1997/644, dont l'annexe contient le texte intégral du rapport de la neuvième réunion ministérielle du Comité consultatif permanent des Nations Unies pour les questions de sécurité en Afrique centrale). Ces activités seraient financées à l'aide de contributions volontaires. Il convient de rappeler qu'à la demande de l'Assemblée générale, le Secrétaire général a créé au Secrétariat, en mars 1996, un fonds d'affectation spéciale alimenté par les contributions que les États Membres et les organisations intergouvernementales et non gouvernementales voudraient apporter à l'appui du programme de travail du Comité consultatif permanent. Les programmes et activités adoptés par le Comité pour 1997/98 visent à :

a) Mettre en place et faire fonctionner un mécanisme d'alerte rapide pour l'Afrique centrale (les membres du Comité ont décidé de créer ce mécanisme à Libreville, dans les meilleurs délais et si possible avant la fin de 1997);

b) Lancer des programmes visant à recycler les soldats démobilisés et à les réinsérer dans la vie civile;

c) Lutter contre le commerce illicite des armes et des drogues dans la sous-région;

d) Organiser des séminaires de formation afin de renforcer la capacité des États d'Afrique centrale de participer aux

opérations de paix (le premier séminaire de ce genre à l'intention des États de la sous-région, organisé avec l'aide financière du Gouvernement japonais, s'est tenu à Yaoundé en septembre 1996);

e) Organiser des exercices militaires conjoints pour des opérations de paix;

f) Organiser, à l'intention des militaires et du personnel de sécurité des États d'Afrique centrale, des séminaires et des programmes de sensibilisation portant sur la conduite des affaires publiques, l'état de droit et le respect des droits de l'homme;

g) Convoquer une conférence sous-régionale sur le thème "Institutions démocratiques et paix en Afrique centrale" (le Gouvernement équato-guinéen a offert d'accueillir cette conférence qui, en fonction des contributions volontaires disponibles, devrait avoir lieu en décembre 1997).

IV. ASPECTS ADMINISTRATIFS ET FINANCIERS

17. Les États membres se rappelleront que le Comité tenait deux réunions ministérielles annuelles, financées au titre du budget ordinaire, afin d'exécuter les activités inscrites à son programme de travail. Toutefois, en raison de la crise financière, le Comité ne s'est réuni qu'une seule fois par an en 1996 et en 1997. Lors de la neuvième réunion ministérielle du Comité, les États membres ont demandé que les deux réunions ministérielles annuelles soient rétablies eu égard à la nécessité croissante de poursuivre le débat et aux autres efforts requis pour faire face aux crises persistantes dans la sous-région.

18. Je tiens à saisir cette occasion pour exprimer la gratitude de l'Organisation des Nations Unies aux États qui ont contribué au Fonds d'affectation spéciale du Comité et pour demander une fois encore à tous les États ainsi qu'aux organisations intergouvernementales et non

gouvernementales de maintenir et même d'accroître leur appui aux activités fort utiles du Comité visant à promouvoir la confiance et la stabilité dans la sous-région de l'Afrique centrale où règnent de vives tensions. Je voudrais remercier également le Gouvernement gabonais de l'importante contribution qu'il a apportée en vue de mener à bien la neuvième réunion ministérielle de Libreville.

V. CONCLUSIONS ET OBSERVATIONS

19. L'Afrique centrale continue de connaître bien des troubles et des épreuves. Elle constitue toutefois aussi l'une des sous-régions du continent les plus richement dotées, dont la population dynamique aspire à une vie meilleure. Or, cet objectif ne peut être atteint que dans un climat de paix durable, lequel dépend de la volonté des États et des peuples de la sous-région.

20. Au cours de la période examinée, la communauté internationale s'est félicitée du retour à la stabilité dans la République démocratique du Congo, qui a d'énormes incidences sur la paix et le progrès de la sous-région tout entière. Toutefois, les effets salutaires de cet événement ont été effacés par l'éruption de la violence politique dans la République du Congo voisine, où la situation demeure instable malgré les efforts inlassables de médiation internationale dirigés par le Président Bongo, de concert avec l'Envoyé spécial commun de l'ONU et de l'OUA, M. Sahnoun.

21. Malgré le revers essuyé à Brazzaville et les tensions qui persistent dans la région des Grands Lacs et dans un certain nombre d'autres États d'Afrique centrale, je salue les efforts déployés par les États de cette région pour trouver des solutions pacifiques à leurs crises et renforcer l'harmonie interne et entre les États sur la base de la conduite avisée des affaires publiques, de la primauté du droit et du respect mutuel. Si l'aide extérieure peut être utile, elle ne saurait remplacer l'action résolue de ceux qui sont le plus directement intéressés.

22. Les activités menées par le Comité consultatif permanent en 1997 ont montré une fois encore l'utilité de cette instance. Les accords auxquels sont parvenus les membres du Comité pour créer un mécanisme sous-régional d'alerte rapide, pour lutter contre le commerce illicite des armes et des drogues, pour recycler les soldats démobilisés et les réinsérer dans la vie civile et pour renforcer la capacité des États d'Afrique centrale de participer plus efficacement à de futures missions de paix dans la région contribueront considérablement, s'ils sont mis en oeuvre, à la poursuite des efforts visant à mettre fin au fléau de la violence, de la destruction et de la souffrance dans la sous-région. Je me félicite également que ces pays accordent une attention croissante aux questions concernant la démocratie participative, le respect des droits de l'homme et l'état de droit en tant qu'éléments d'une stratégie de paix durable.

23. L'Assemblée générale a d'emblée vivement appuyé les efforts du Comité. Celui-ci constitue une instance propice au dialogue et au renforcement de la confiance dans une région des plus instables. Il a manifesté un grand sens des responsabilités et beaucoup de sérieux dans la manière dont il a abordé des problèmes sensibles et délicats. Il devrait continuer à recevoir le soutien et l'encouragement de la communauté internationale. À cet égard, je lance un appel aux États Membres et à l'ensemble de la communauté internationale pour qu'ils contribuent généreusement au Fonds d'affectation spéciale des Nations Unies créé en vue d'aider le Comité à exécuter son programme de travail. Il serait en effet fâcheux que les importantes mesures de confiance dont est convenu le Comité ne soient pas appliquées faute de moyens financiers.

Messages du Secrétaire général
à l'occasion des sessions et réunions
du Comité consultatif permanent des Nations Unies
sur les questions de sécurité en Afrique centrale

Message du Secrétaire général Boutros Boutros-Ghali à la Réunion d'organisation du Comité consultatif permanent des Nations Unies sur les questions de sécurité en Afrique centrale
Yaoundé, Cameroun, 27-31 juillet 1992
(Message original en Anglais)

(Par M. Prvoslav Davinic, Directeur, Bureau pour les affaires de désarmement)

Permettez-moi de vous transmettre les meilleurs voeux du Secrétaire général des Nations Unies, le Dr. Boutros Boutros-Ghali, pour le succès historique de cette réunion.

Le Secrétaire général, non seulement en tant que chef d'une organisation chargée du maintien de la paix et de la sécurité internationales, mais aussi en tant que fils de ce grand continent, soutient les récentes initiatives des gouvernements des pays membres de la communauté économique des Etats de l'Afrique centrale (CEEAC) afin que cette partie du continent soit débarrassée du fléau des conflits et poser les bases d'une sécurité, d'une stabilité et d'un développement durables. C'est donc avec plaisir et satisfaction que le Secrétaire général a établi récemment sous les auspices des Nations Unies, le Comité consultatif permanent sur les questions de sécurité en Afrique centrale suivant la résolution 46/37B de l'Assemblée générale entérinée par tous les pays membres. Nous nous réunissons ici aujourd'hui pour inaugurer les travaux de cet organe prometteur.

J'aimerais, à cet égard, exprimer ma profonde gratitude et mon appréciation au gouvernement et au peuple de la République du Cameroun, sous la direction de S.E. le Président Paul Biya pour avoir bien voulu abriter cet.e réunion dans leur aimable capitale, Yaoundé et pour l'accueil chaleureux et généreux à l'égard de nous tous, depuis notre arrivée dans ce beau pays. En tenant cette séance d'organisation du Comité consultatif permanent au Cameroun, nous rendons un hommage bien mérité à son gouvernement pour son soutien ferme à cette idée et pour le rôle d'avant-garde qu'il a joué aux Nations Unies pendant des années dans les efforts qui ont abouti à l'adoption de la résolution 46/37B du 6 décembre 1991. Je ne manquerai pas d'exprimer ma reconnaissance quant au rôle important joué par vous-même, Monsieur le Président en tant que Ministre des relations extérieures du Cameroun. En effet, ce rôle a abouti à la réalisation effective, de cette tâche dont l'importance est cruciale. Cela est hautement apprécié.

Une reconnaissance bien méritée doit également être addressée au gouvernement gabonais représenté ici par Son Excellence Monsieur Martin Fidèle Magnaga, Ministre de la défense, de la sécurité et de l'immigration. Le Gabon a tout au début soutenu avec insistance et avec une grande détermination les efforts des pays de l'Afrique centrale afin que cette initiative se réalise.

C'est quoiqu'il en soit, tous les Etats membres de la CEEAC qui méritent l'appréciation et l'admiration de la communauté internationale pour la décision clairvoyante qu'ils ont prise pour joindre leurs forces dans l'établissement d'un mécanisme qui canalisent leurs efforts vers la création de meilleures conditions de paix et de sécurité pour leur existence et pour plus de développement.

C'est une tâche qui présente, certes, des défis, mais qui apportera d'énormes bénéfices pour tous.

Cette réunion se tient en des circonstances particulièrement prometteuses. Le monde connaît des changements dramatiques et historiques au moment où le vingtième siècle vient à son terme, la communauté internationale s'approche du nouveau millénaire avec plus de raisons d'espérer à la réalisation d'un monde plus sain que dans n'importe quelle période dans la dernière moité du siècle.

La guerre froide a pris fin. Les relations est-ouest et plus particulièrement la relation qui existe entre les deux plus grandes puissances nucléaires, les Etats Unis et la Russie ont subi des changements importants. Ces nations ne s'affrontent plus comme ennemies; elles se tendent la main en tant que partenaires dans la reconstruction d'un monde cicatrisé par des décennies de méfiance, de priorités déplacées, de morts, et des destructions sans objet.

Les grands changements en cours dans le scénario politique sont marqués, cependant, par des tendances uniquement contradictoires. Au moment où les deux principales puissances ne cessent de négocier des accords de réduction d'armements et les pays de l'Europe éliminent de grandes quantités d'armes et réduisent leurs forces armées, la prolifération d'armes à destruction massive menace d'accroître et l'on ne cesse d'accumuler les armes conventionnelles dans plusieurs parties du monde.

En plus, la réduction des tensions entre l'est et l'ouest a révélé d'autres types de conflits et de problèmes. De nouvelles affirmations de nationalité et de souveraineté surgissent et la cohésion des Etats est menacée par de brutales rivalités ethniques, religieuses, sociales, culturelles ou linguistiques. Au moment où le racisme est reconnue comme une force destructive et au moment où l'apartheid est en train d'être démantelé, de nouvelles tensions raciales apparaissent et s'expriment dans la violence. La pauvreté, les maladies, la famine, l'oppression et le désespoir abondent et se joignent pour produire des millions de réfugiés et de personnes déplacées ainsi que des migrations massives des peuples à l'intérieure et au-delà des frontières nationales.

En Afrique elle même, il y a malheureusement eu un déclin net et préoccupant dans la qualité de la vie depuis 1980. Les économies africaines déjà plus faibles et plus fragiles dans le monde, sont davantage endomagées par des divisions internes continues dans plusieurs parties de la région. Plusieurs millions d'africains ont perdu leur vie en raison de la guerre et la famine. Plusieurs autres sont frappés par la maladie et l'ignorance. Le désespoir répandu un peu partout pourrait bientôt entraîner un désespoir pour ce riche et fier continent à un avenir sans dignité aussi longtemps que des mesures et des politiques effectives ne seront pas mises en place pour changer non seulement les manières dont les choses se déroulent mais par dessus tout les attitudes qui conditionnent et dictent les réactions humaines et les politiques officielles.

Parmi les causes de stagnation économique de l'Afrique, la plus dévastatrice serait peut-être les innombrables conflits armés et de division interne qui ravagent la société africaine depuis les indépendances, il y a trente ans. Certaines données révèlent que dans les trois dernières décennies les guerres ont causé la mort de plus de sept millions de vie d'africains directement ou indirectement. Les infrastructures de la région ont été endomagées ou détruites dans les régions affectées, des millions d'africains ont cherché refuge dans les autres pays; la fuite des cerveaux et les budgets militaires ont augmenté nettement, détournant ainsi les ressources déjà rares qui auraient pu soutenir les programmes socio-économiques.

Il n'y a pas de doute que la guerre entrave le développement et le progrès, attise la méfiance et la tension et encourage les dépenses militaires inutiles. Cependant, les guerres et les conflits continuent. Renverser cette tendance de manière décisive et effective est un défi qu'aucune nation, quelle que soit sa puissance, ne peut relever toute seule. La réalisation effective de cette oeuvre requiert une action internationale concertée et un nouvel esprit partout parmi les nations afin de bannir la guerre en tant qu'option ou en tant qu'instrument de la politique.

L'initiative que vous avez prise dans la réalisation des mesures de confiance et de promotion de la sécurité commune et le développement en Afrique centrale est un grand pas dans la meilleure voie. S'il poursuit sa conclusion logique, ce processus de recherche de solutions régionales aux problèmes régionaux pourrait résulter à une communauté intégrée où les barrières inter-étatiques seront perçues comme des ponts d'amitié, de solidarité et de coopération plutôt que comme des zones de conflit et de séparation.

Si le but que nous recherchons tous dans cette entreprise est un climat de paix stable où la sécurité et le progrès peuvent fleurir au bénéfice de dizaine de millions de gens qui vivent dans cette partie de l'Afrique, nous devrions donc concevoir une stratégie concrète qui identifie les mesures spécifiques pour poursuivre cette fin. Cette oeuvre est la première responsabilité du gouvernement des Etats de l'Afrique centrale eux-mêmes. Cependant, il est possible de déceler un nombre de grand domaine dans le cadre duquel la poursuite

de la paix offre de vaste possibilité pour le progrès. Ceci comprend, la limitation des armements et le désarmement, la diplomatie préventive, la construction et le maintien de la paix ainsi que le renforcement de la confiance.

Un engagement de tous les pays concernés à la réduction d'armes et à la poursuite de la sécurité au niveau le plus bas possible d'armements et de forces armées ainsi que les mesures collatérales d'ouverture et de transparence des Etats dans leurs affaires militaires contribuera certainement au renforcement de la confiance entre les Etats. La décision de l'Assemblée générale d'établir un registre international d'armes conventionnelles est perçue comme un instrument important dans cette direction. Si tous les pays dans une région spécifique devraient participer à un tel programme visant à rendre les transactions militaires plus ouvertes et plus publiques, cela faciliterait les efforts collectifs de contrôle d'armes qui aident à éliminer la méfiance et la suspicion qui sont alimentées par la course aux armements et les conflits armés.

Puisque les tensions et les conflits interétatiques alimentent la course aux armements, la diplomatie préventive, qui cherche à résoudre les querelles avant qu'elles ne dégénèrent en violence, émergent comme un autre élément essentiel dans la poursuite d'un climat de paix et de sécurité stables. Si, malgré toutes les tentatives de prévention, les confrontations armées éclatent, les mesures de construction et de maintien de la paix peuvent être envisagées pour arrêter le conflit et amener les protagonistes à la table de négociation. La diplomatie et le maintien de la paix encouragent aussi les opportunités de construction de la paix et le renforcement de la confiance en aidant à préserver le déclenchement des hostilités armées et en engageant les parties à la recherche des solutions aux querelles entre eux par des moyens pacifiques.

Chacun de ces domaines d'action a une valeur intrinsèque propre. Pris collectivement et appliqué de manière compréhensive et intègre par les pays concernés, ils offrent peut-être les liens les plus sûrs pour une paix et une harmonie authentiques entre les peuples.

Il est souvent plus facile d'oublier des multiples développements en cours dans la région lorsque nous nous concentrons sur les innombrables problèmes que confronte l'Afrique. Je suis particulièrement frappé par l'esprit profond et tenace de compassion et d'espoir ressenti à travers le continent, même au moment où ils font face tout seuls à plusieurs difficultés, les pays africains ont laissé leurs portes ouvertes à leurs voisins moins nantis fuyant les guerres, la persécution et les désastres naturels. Et même quand l'avenir apparaît plus sombre, les peuples de la région refusent de se laisser aller au désespoir. Libérée enfin des distorsions idéologiques de la guerre froide et animée par un esprit téméraire de solidarité et de créativité humaine, l'Afrique a maintenant l'opportunité renouvelée non seulement de se maintenir à nouveau mais en effet, de croître et de prospérer. La marche vers la démocratisation et le respect des droits de l'homme sont en train d'ouvrir les systèmes politiques et rendent les dirigeants plus responsables et plus sensibles aux préoccupations populaires. Un environnement propice à la stabilité et au progrès éonomiques est en cours de construction. Il y a toujours des risques et il n'y a pas de garanti que la tendance actuelle encourageante ne peut être renversée. Mais, avec des initiatives comme celles que nous lançons ici, les pays de la région paraissent démontrer une ferme détermination non seulement pour persévérer dans les réformes mais par dessus tout pour aller plus en avant. Avec la reconnaissance que cette fois la défaite pourra être véritablement catastrophique pour l'avenir de l'Afrique, le progrès n'est pas seulement faisable, il est en effet réalisable.

Dans ce contexte, j'aimerais rendre hommage à tous les pays membres de la CEEAC pour la sagesse et la vision qu'ils ont longtemps fait montre dans la poursuite de mesures constructives de renforcement de la confiance et de coopération plutôt que dans les politiques destructives de conflit et de rivalités interétatiques fondées sur l'intérêt national individuel étroit. En associant étroitement les Nations Unies, les Etats de la sous-région de l'Afrique centrale ont fait montre d'un engagement complémentaire à la solidarité et à l'autosuffisance africaine ainsi qu'à la coopération internationale dans le cadre des Nations Unies. Une telle sagesse et un tel réalisme sont non seulement une bonne augure aux travaux futurs du Comité consultatif permanent mais en effet elles encouragent aussi les perspectives et posent les bases de la paix, du progrès et de l'intégration sous-régionaux dans cette partie importante de l'Afrique.

Je peux vous assurer du soutien inlassable du Secrétariat des Nations Unies quant à la réalisation des objectifs positifs que vous recherchez. Le Secrétariat et en particulier le Bureau des affaires du désarmement sont prêts à contribuer aux succès de ces initiatives. En tant qu'expression de la plus grande importance que nous attachons à vos efforts, le Secrétaire général a nommé Monsieur Sammy Kum Buo, un des administrateurs principaux les plus compétents du Bureau des affaires de désarmement comme Secrétaire de ce Comité. Je suis confiant que Monsieur Buo vous servira bien et renforcera votre dévouement et votre conviction.

Je vous souhaite plein succès dans l'importante oeuvre qui vous attend.

**Message du Secrétaire général
Boutros Boutros-Ghali
à la Troisième réunion ministérielle
du Comité consultatif permanent
des Nations Unies sur les questions de
sécurité en Afrique centrale**
*Libreville, Gabon
30 août-3 septembre 1993*
(Message original en Français)

**(Par son représentant, l'ambassadeur
Hassen Fodha, Directeur, Centre
d'Information des Nations Unies, Paris)**
    Le Secrétaire général des Nations Unies,
le Dr. Boutros Boutros-Ghali m'a chargé de
le représenter à cette deuxième réunion du
Comité Consultatif Permanent sur les
Questions de Sécurité en Afrique Centrale
pour 1993; il m'échoit l'honneur et le
privilège de vous faire part de ses meilleurs
voeux de succès et vous assurer de son
soutien sans réserve aux recommandations
que vous adopterez pour la sécurité et la
paix dans les pays d'Afrique centrale.

    Permettez-moi d'abord de rendre un
hommage mérité au peuple et au
Gouvernement gabonais sous la conduite
du Président S.E. EL HADJ OMAR BONGO,
pour avoir accepté d'abriter cette importante
réunion dans leur attachante capitale,
Libreville, pour leur chaleureuse hospitalité
qui constitue un atout propice à notre
réunion, et surtout, pour les efforts qu'ils
n'ont cessé de déployer afin de maintenir la
paix et la sécurité durables dans la
sous-région et, dans le continent en
général. Nous avons encore le souvenir tout
récent du rôle primordial de médiateur joué
par le Gabon dans le règlement pacifique de
l'impasse politique qui menaçait récemment
la sécurité et l'unité d'un pays voisin, le
Congo. Les pourparlers de paix ont eu lieu
ici même à Libreville il y a à peine un mois,
et ce rôle fort louable couronné par l'accord
du 4 août 1993 correspond aux objectifs de
notre comité naissant.

    Le Gouvernement gabonais a également

pris une part active au processus original
qui a permis la création de ce comité, dans
la mesure où l'un des illustres fils de ce
pays, le Général IDRISS NGARI a été élu
Président de la Conférence sur les mesures
propres à accroître la confiance, la sécurité
et le développement au sein de la
Communauté Economique des Etats de
l'Afrique Centrale en février 1988.

    Je voudrais également rendre un
hommage mérité à tous les pays de cette
sous-région pour avoir, de façon perspicace
initié la création de ce Comité et pour les
efforts qu'ils n'ont cessé de fournir en vue
de garantir la mise en oeuvre de son
programme de travail. Cela vous vaut à tous
l'admiration et les encouragements de la
Communauté Internationale. En effet, votre
action au sein du Comité constitue une
importante réalisation de l'histoire moderne
des Relations Internationales : vous avez
tous accepté d'unir vos efforts et de mettre
votre volonté politique au service de la paix
durable, de la sécurité et du progrès par
l'instauration de la confiance, la
maximisation du dialogue et la recherche
d'une solution pacifique aux différends des
grands peuples que vous êtes. Les Nations
Unies observent avec fierté chaque étape
de votre oeuvre louable. De Yaoundé à
Bujumbura, et aujourd'hui à Libreville, le
Programme de travail et les réunions de
votre Comité sont une preuve irréfutable de
votre détermination à obtenir de meilleurs
résultats. Vos éminents experts se sont
réunis durant trois jours, afin de concrétiser
les nobles objectifs de votre démarche au
sein du Comité.

    Aussi, qu'il me soit permis de rendre
hommage aux distingués experts, pour le
grand travail accompli dans le processus de
maintien de la paix et la sécurité dans la
sous-région notamment. Vous êtes en effet
l'élément vital du Comité Consultatif
Permanent sur les questions de sécurité en
Afrique Centrale.

    Permettez-moi aussi, au nom des

Nations Unies, de reconnaître le rôle joué par la Communauté Economique des Etats de l'Afrique Centrale (CEEAC) dans la reconstruction de cette sous-région. La CEEAC est non seulement un véhicule par lequel les immenses ressources économiques et humaines peuvent être transformées en une base viable de progrès et de bien-être social durables pour tous, mais, en tant qu'organisation sous-régionale, elle constitue aussi un moyen viable, propre à accroître la confiance parmi ses membres. A cet égard, la relation fonctionnelle entre la CEEAC et le Comité Consultatif Permanent sur les questions de Sécurité en Afrique Centrale ne peut être sous-estimée. C'est donc avec regret que je constate les difficultés auxquelles la CEEAC est actuellement confrontée, en ce moment précis où ses services sont plus que jamais requis dans une sous-région en proie à une crise économique sans cesse croissante. Il ne fait aucun doute que sa revitalisation remettra la sous-région sur les rails du développement et du progrès social.

Nous ne devons pas perdre de vue les horreurs qui frappent notre monde. La recrudescence des guerres ethniques en Europe et ailleurs, a malheureusement accru les défis d'après-guerre froide à relever par la Communauté Internationale et les Nations Unies en particulier, alors que les ressources de l'organisation mondiale s'avèrent davantage insuffisantes. Les initiatives sous-régionales telles que le Comité Consultatif Permanent constituent un élément vital et complémentaire à la mise en oeuvre de la nouvelle vision du Secrétaire général en matière de paix. Avec le Comité Consultatif Permanent, nous allons éviter de vivre à l'ombre des horreurs des guerres et de la haine, et créer un cadre permanent d'espoir et de progrès.

En Afrique, la triste combinaison des agitations politiques, souvent résultant du retard ou parfois même des réticences dans la mise en oeuvre des processus démocratiques, et les contraintes économiques ont sévèrement compromis la qualité de la vie et diminué les espoirs pour l'avenir. En Angola, au Libéria, en Somalie, en Afrique du Sud et au Soudan notamment, des milliers d'Africains meurent dans des guerres de destruction réciproques dénuées de sens : et plusieurs autres sont contraints à se réfugier irrémédiablement loin de leurs familles et de leurs patries. Et pendant que d'autres régions du monde avancent résolument vers des meilleurs auspices, plusieurs pays Africains reculent et voient leur avenir hypothéqué.

Les économies africaines, déjà considérées comme les plus faibles du monde, sont davantage affaiblies par les guerres civiles incessantes. Les conflits armés ont détruit les infrastructures et épuisé les ressources humaines. En revanche, les budgets militaires ont été maintenus à la hausse, détournant d'une manière contrariante les ressources qui auraient pu être affectées à l'appui des programmes socio-économiques.

Il est évident que la guerre et les conflits freinent le développement et le progrès, et attisent la haine, développent les tensions et les dépenses inutiles notamment militaires. Nous avons assisté, impuissants, à la façon dont certains pays du continent ont versé dans l'anarchie pour constituer des factions criminelles qui tuent et mutilent psychologiquement et physiquement leur capital humain. Bien entendu, aucune société ne voudrait investir dans les pays où les capitaux à commencer par les ressources humaines ne sont pas protégés, et où les marchés ne peuvent pas prospérer. En termes économiques, cet état de choses fait que l'Afrique peut difficilement prétendre et bénéficier de l'augmentation des investissements directs étrangers que les Economistes prédisent pour les décennies futures.

Cette sombre situation n'est pas

éternelle. Elle peut s'améliorer. La changer, renverser la tendance de manière décisive et effective se révèle être une mission réalisable si la volonté et la bonne foi sont réunies. Votre détermination à bannir la guerre et la violence dans vos relations internes et dans vos relations inter-états est une action qui illustre votre volonté de changement, et prouve que vous pourrez parvenir à renverser la tendance. Mais c'est aussi un défi qu'aucune nation, quelle que soit sa puissance ne peut relever seule. La reconstruction est une tâche redoutable lorsque les ressources ont été épuisées. Mais la stabilité et la sécurité appellent la solidarité et la confiance.

Dans ce contexte de désespoir, vous, peuples de la sous-région de l'Afrique centrale avez prouvé que tout n'est pas perdu, et qu'il est possible de construire ici une communauté solide qui est à l'abri des crises et des conflits. Les événements encourageants dans les processus de paix et de réconciliation au Rwanda, au Congo et au Tchad en témoignent. Le long conflit angolais et l'impasse politique et sociale qui, elle aussi dure depuis longtemps déjà, retardent le développement humain et économique de la sous-région et devrait appeler à une action concertée par tous les gouvernements de la sous-région. Au nom du Secrétaire général, je voudrais rendre hommage à tous ces Gouvernements qui ont déjà apporté leur appui à son Représentant Personnel en Angola, dans ses efforts en vue de galvaniser tout le soutien nécessaire au niveau de la sous-région, pour la résolution du conflit angolais.

Il est certain que la poursuite de la mise en oeuvre des processus démocratiques en cours dans plusieurs pays et l'engagement de tous les Etats à s'abstenir de recourir aux armes et assurer la sécurité avec le moins d'armes et de forces armées possibles contribueront à renforcer la stabilité dans la sous-région. D'autre part, en mettant en place des mesures d'ouverture et de transparence concernant leurs politiques militaires, les Etats de la Région pourraient accroître la confiance entre eux.

Ici à Libreville, vous avez commencé à approfondir la réflexion sur les meilleures voies et moyens susceptibles d'atteindre ce climat de stabilité et de confiance dans la sous-région. En effet, parmi les tâches auxquelles se sont attelés les experts, il convient de mentionner la finalisation du Pacte de Non Agression entre les Etats Membres; l'élaboration des mesures spéciales de nature à promouvoir la réduction progressive et équitable des forces armées, les budgets militaires; la considération des mesures et des mécanismes spécifiques pour la gestion des crises et le maintien de la paix dans la sous-région, ainsi que l'examen des événements géographiques et relatifs à la sécurité dans la sous-région, comprenant les situations en Angola, au Rwanda et au Zaïre. Je suis convaincu que le travail des experts sera suivi de l'action politique nécessaire à son achèvement. Cette action réunira les conditions recherchées pour la stabilité et la paix dans la sous-région.

Je vous souhaite bonne chance et plein succès dans l'aboutissement de vos travaux.

**Message du Secrétaire général
Boutros Boutros-Ghali
à la Quatrième réunion ministérielle
du Comité consultatif permanent
des Nations Unies sur les questions de
sécurité en Afrique centrale**
Yaoundé, Cameroun, 4-8 avril 1994
(Message original en Français)

(Par son représentant, M. Herbert M'Cleod, Coordonnateur résident, PNUD, Yaoundé)
Le Secrétaire général a été consterné d'apprendre la disparition des Présidents de Burundi et Rwanda, et a adressé les messages de condoléances aux familles et

peuples des deux pays concernés.

Il m'a chargé de lire le message suivant:

Au moment où se déroule la réunion ministérielle du Comité consultatif permanent sur les questions de sécurité en Afrique centrale, je voudrais vous apporter, en mon nom personnel et au nom de l'Organisation des Nations Unies, tous mes encouragements et vous souhaiter plein succès dans vos travaux.

Votre Comité consultatif revêt, à mes yeux, une importance considérable. En effet, je suis convaincu qu'une réunion de haut niveau comme la vôtre peut être d'un grand apport dans le rétablissement et la consolidation de la paix dans votre région. C'est grâce à de telles initiatives que pourront le mieux s'incarner dans la réalité des Etats et des continents les objectifs énoncés par la Charte des Nations Unies.

N'oublions jamais que la paix et la sécurité sont des conditions essentielles de la mise en place de véritables politiques de développement économique et social. Sans la paix, aucun développement n'est possible.

L'Afrique, notre continent, qui a tant souffert de mille maux doit pouvoir retrouver l'espoir. Il serait inadmissible que les Africaines et les Africains n'aient pas, eux aussi, le droit à la paix et le droit au développement.

C'est par des réunions comme la vôtre que ces deux impératifs essentiels peuvent être assurés.

C'est dire l'importance que j'attache à cette réunion de Yaoundé et combien je félicite les autorités camerounaises de l'avoir ainsi accueillie.

Je ne manquerai pas de me faire tenir informé des résultats de vos travaux. Et je souhaite à tous mes frères africains de

mettre, ensemble, leur bonne volonté et leur imagination au service de notre continent.

Message du Secrétaire général Boutros Boutros-Ghali à la Sixième réunion ministérielle du Comité consultatif permanent des Nations Unies sur les questions de sécurité en Afrique centrale
Brazzaville, Congo, 20-24 mars 1995
(Message original en Français)

(Par son représentant, M. Wilfred de Souza, Directeur, Division de l'Afrique, Département des affaires politiques)

Au moment où vont débuter vos travaux, je voudrais vous adresser, en mon nom personnel et au nom de l'Organisation des Nations Unies, mes plus vifs encouragements. Croyez bien qu'il ne s'agit pas là d'encouragements de pure forme, mais au contraire de l'expression tout à la fois de mes espoirs et de mes inquiétudes.

En effet, je considère une telle réunion comme l'expression de la volonté de vos Etats de prendre en charge la question essentielle de la sécurité dans votre région. Cela me semble d'autant plus important que nous avons tous à l'esprit les drames que l'Afrique centrale a connus récemment et les lourdes menaces qui pèsent encore aujourd'hui sur elle. Il est donc essentiel que les Africains apprennent à tirer d'eux-mêmes, de leur civilisation ancienne, de leur culture profonde, de leur sagesse ancestrale, les moyens d'assumer leur destin collectif.

Votre réunion est bien la preuve de cette volonté. Plus que jamais, en effet, il est nécessaire que les Etats africains mettent en oeuvre les moyens de maintenir eux-mêmes la paix et la sécurité à l'échelle continentale, sous-continentale et surtout régionale.

Cette sécurité nécessite le perfectionnement des mesures destinées à instaurer la confiance entre les Etats. Elle nécessite aussi la mise en oeuvre d'une diplomatie préventive efficace, destinée notamment à empêcher les drames que nous avons connus.

Elle implique aussi une politique africaine de désarmement pour laquelle il est indispensable de prendre des mesures urgentes. Car il faut tout à la fois assurer un désarmement raisonné et empêcher une prolifération des armes sur notre continent.

Il est des moments de l'Histoire où chacun doit sentir qu'il a la responsabilité de son propre destin. C'est aujourd'hui votre cas. Et ce serait manquer ce grand rendez-vous de l'Histoire que de ne pas vous donner les moyens d'assurer la sécurité de votre région.

J'ai confiance en vous. Vous avez l'appui de l'Organisation des Nations Unies et de la Communauté internationale dans son ensemble.
Je suis certain que vous saurez être dignes des espoirs que nous mettons en vous.

La sécurité de l'Afrique centrale est aujourd'hui un impératif catégorique. C'est la raison pour laquelle les Etats rassemblés ici doivent faire preuve d'un esprit de responsabilité et d'une grande imagination.

Maintenir la paix et assurer la sécurité en Afrique centrale est une condition indispensable d'un développement durable dans la région. Mais cela peut être aussi un exemple que les Etats du centre de l'Afrique peuvent donner à l'ensemble du continent.

Je souhaite donc le meilleur succès à vos travaux. Soyez assurés que je prendrai connaissance avec une grande attention des résultats de votre importante réunion.

Message du Secrétaire général Boutros Boutros-Ghali à la Septième réunion ministérielle du Comité consultatif permanent des Nations Unies sur les questions de sécurité en Afrique centrale
Brazzaville, Congo
28 août- 1 septembre 1995
(Message original en Français)

(Par son représentant, M. Alioune Blondin Beye, Représentant spécial du Secrétaire général en Angola)
Cette session du Comité Consultatif Permanent de l'Organisation des Nations Unies sur les questions de sécurité en Afrique centrale, se tient à un moment où la sous-région vit des événements particulièrement décisifs pour son devenir.

Si certaines situations ont connu une heureuse évolution, ce ne fut pas le cas, hélas, pour bien d'autres.

La récente rencontre de Franceville, le 10 août dernier, entre les deux leaders angolais, le Président Eduardo Dos Santos et Dr. Jonas Savimbi, sous les auspices de Son Excellence le Président de la République du Gabon, El Hadj Omar Bongo, cette rencontre, dis-je, a confirmé tous les espoirs nés trois mois plus tôt, le 6 mai dernier à Lusaka où le processus de paix angolais a amorcé un nouveau tournant.

Les Nations Unies se réjouissent de constater que les angolais s'engagent résolument dans la voie menant à une paix durable fondée sur la réconciliation nationale, la démocratie et le développement économique et social, dans le respect des droits et libertés fondamentaux de l'individu.

Les Nations Unies encouragent vivement le Gouvernement angolais à accélérer la mise en place des conditions nécessaires au casernement rapide des forces de l'UNITA, au moment où les bataillons de l'ONU vont entamer leur dernière phase de déploiement sur l'ensemble du territoire angolais.

Plus que jamais, le momentum impulsé à Lusaka, puis à Franceville doit être maintenu et se traduire en actes concrets et décisifs pour conforter l'espérance des populations angolaises, en restaurant un climat de paix définitif profitable à l'ensemble des pays de la sous-région.

C'est donc avec beaucoup d'intérêt que l'ONU accompagne et soutient les préparatifs de la prochaine Table Ronde des bailleurs de fonds pour l'Angola, dont la tenue est prévue le mois prochain à Bruxelles. Nous espérons fortement que la communauté internationale saura prendre, une fois de plus, la juste mesure des enjeux, et répondre puissamment, comme elle l'a fait souvent par le passé, aux attentes de populations martyres qui ont besoin de l'assistance internationale pour faire redémarrer une économie qui est, potentiellement parmi les plus prometteuses d'Afrique.

Un autre motif de satisfaction réside dans l'épilogue des récents événements survenus à São Tome-et-Principe. La médiation active de certains pays de la sous-région a abouti, de manière heureuse, au rétablissement de la légalité républicaine dans ce pays, à notre grand soulagement. L'exemple ainsi donné témoigne de la nécessaire solidarité et de l'interdépendance des pays de la sous-région dont la démarche solidaire, fondée sur la concertation permanente et l'entraide, se trouve aujourd'hui amplement justifiée et confortée.

En revanche, sur une autre partie de votre vaste sous-région, la communauté internationale ne peut manquer de souligner sa préoccupation face au drame que vivent les centaines de milliers de réfugiés rwandais. Les récents développements survenus à l'Est du Zaïre, à la frontière du Rwanda, interpellent en premier lieu vos gouvernements respectifs, car ces événements remettent en cause les grands principes humanitaires que tous les Etats se doivent d'observer constamment.

Les Nations Unies en appellent instamment aux gouvernements du Zaïre, du Rwanda et du Burundi, pour que des mesures urgentes soient prises pour mettre fin aux difficiles épreuves de ces milliers de réfugiés dont une majorité de femmes et d'enfants en proie aux maladies, à la malnutrition et aux violences de toute sorte.

Qui ne mesure le risque considérable que font peser sur la sécurité et la stabilité de la sous-région ces populations déplacées, cédant à la panique et au désespoir. Il est de la responsabilité des Etats de créer les conditions propices au retour confiant et à la réinstallation sur le sol national de leurs ressortissants expatriés pour diverses raisons.

Outre les principes du Droit International humanitaire qui s'imposent à tous les Etats membres de l'ONU, c'est une obligation morale pour eux d'accueillir et d'abriter les populations étrangères déplacées de leur lieu d'origine en raison de guerres, de famines, d'épidémies ou de tout autre cataclysme, qu'il soit naurel ou provoqué par l'homme lui-même. Il est de l'honneur de la communauté internationale d'aider les pays à supporter les contraintes d'une telle présence sur leur sol.

Les Nations Unies saluent, à cet égard, les lourds sacrifices consentis par certains pays de la sous-région pour avoir abrité pendant une période relativement longue des centaines de milliers de réfugiés ayant quitté leur pays pour différentes raisons.

Nous exhortons ces pays d'accueil à persévérer dans leur hospitalité, et nous leur donnons l'assurance que rien ne sera ménagé par la communauté internationale pour faciliter le retour dans le meilleur délai de ces réfugiés vers leur pays d'origine.

Nous devons toujours garder à l'esprit que dans les situations de conflit, dont les premières victimes sont les couches les plus vulnérables de la population, les solutions expéditives débouchent presque toujours sur des situations encore plus inextricables mettant en peril la sécurité déjà précaire des régions concernées. On assiste alors à des violations à grande échelle des droits de l'homme engendrant un sentiment d'insécurité généralisé à l'ensemble de la sous-région.

C'est pour cette raison que le Conseil de sécurité appelle régulièrement l'attention des Etats sur la nécessité d'observer et de faire respecter les droits et les libertés des individus, en toutes circonstances. Et c'est aussi pour cette raison que dans toutes les opérations de maintien de la paix, existe une unité spécialement chargée des droits de l'homme.

Nous avons bon espoir que vos gouvernements respectifs continueront d'apporter un soin particulier à cette question.

La communauté internationale continuera de suivre de manière soutenue la situation sécuritaire en Afrique centrale, particulièrement dans les zones où persistent encore des foyers de tension pouvant rejaillir sur l'ensemble des Etats de la sous-région: le Rwanda, le Burundi et l'Angola.

Les efforts méritoires déployés par les différents gouvernements concernés ou impliqués ne doivent pas revitaliser les risques, souvent considérables, de remise en cause des situations stabilisées ou d'aggravation de tensions sous-jacentes qui peuvent paraître maîtrisées.

L'ONU poursuivra, dans toute la mesure de ses moyens, les actions engagées, et elle reste convaincue que vos gouvernements respectifs sauront apprécier, à leur juste mesure les vrais enjeux du moment, en ne perdant pas de vue les préoccupations légitimes des pays et organismes contributeurs, soucieux avant tout de ce que les importantes ressources consacrées à la sécurité et à la stabilisation de la sous-région soient davantage consacrées au développement des immenses potentialités économiques et humaines de cette région d'Afrique.

Je souhaite plein succès à vos travaux!

Déclaration du Secrétaire général Boutros Boutros-Ghali à la Huitième réunion ministérielle du Comité consultatif permanent des Nations Unies sur les questions de sécurité en Afrique centrale
Yaoundé, Cameroun, 15-19 avril 1996
(Message original en Anglais)

(Par son représentant, M. Prvoslav Davinic, Directeur du Centre pour les affaires de désarmement)
Permettez-moi tout d'abord d'adresser un hommage bien mérité au Gouvernement et au peuple camerounais.

Le Cameroun accueille de nouveau le Comité consultatif permanent sur les questions de sécurité en Afrique centrale, mettant à sa disposition les moyens de travailler dans des conditions exceptionnelles. Le Cameroun, en apportant au Comité un appui résolu et généreux, fait preuve de son traditionnel sens de l'hospitalité et de sa profonde solidarité envers l'Afrique et le monde entier, qui s'exprime avec éclat par le soutien indéfectible que le pays apporte à l'Organisation des Nations Unies et à ses travaux.

Au nom de l'Organisation, je souhaite exprimer ma profonde gratitude au Gouvernement et au peuple camerounais. Le climat d'ouverture et de coopération qui existe au Cameroun est de bon augure pour la réalisation des objectifs poursuivis par le Comité dans le contexte de l'Afrique centrale.

Vous êtes réunis aujourd'hui à Yaoundé pour examiner une question d'une importance capitale : comment éviter un nouveau conflit en Afrique centrale, qu'il s'agisse d'un conflit interne ou d'un différend entre États, et encourager l'adoption de mesures de confiance. Compte tenu des événements qui ont récemment bouleversé la sous-région, il est primordial de tourner la page et de mettre d'urgence un terme à la violence qui oppose et traumatise depuis si longtemps les peuples de l'Afrique centrale.

Nous abordons une période de l'histoire où la plupart des conflits éclatent à l'intérieur des États et non plus au-delà de leurs frontières. Ils ne sont généralement pas de nature à inciter la communauté internationale à y intervenir par le déploiement de forces armées, comme l'OTAN et ses partenaires l'ont fait en Bosnie. Aucun de ces conflits ne semble menacer l'intérêt national d'un État ou les intérêts d'un groupe d'États. Mais il est clairement de l'intérêt de tous d'empêcher la mondialisation de la violence, de maîtriser les conflits et de dissuader tout agresseur potentiel.

Les efforts que vous déployez revêtent une grande importance, non seulement pour l'Afrique centrale. En effet, de la paix et de la sécurité dans la sous-région dépendent la paix et la sécurité de l'ensemble du continent africain, desquelles dépendent, à leur tour, la paix et la sécurité mondiales. Voilà pourquoi lorsque vous, qui représentez tous les pays d'Afrique centrale, vous efforcez d'empêcher une nouvelle tragédie dans votre sous-région, soyez assurés que la communauté internationale

tout entière est à vos côtés.

Il y a quatre mois à peine, l'Assemblée générale des Nations Unies, à sa cinquantième session, a réaffirmé son soutien à votre action. Par sa résolution 50/71 B, qu'elle a adoptée le 12 décembre 1995, elle a appelé la communauté internationale à soutenir et à promouvoir la mise en oeuvre intégrale du programme de travail du Comité. Le mois dernier, comme suite à la demande de l'Assemblée, j'ai établi un fonds d'affectation spéciale, afin de mobiliser, par le biais de contributions volontaires, des ressources additionnelles à l'appui de vos travaux. Je me félicite de l'intérêt et des réactions suscités par mon appel, tant de la part des pays africains que des autres pays, et saisis cette occasion pour remercier les gouvernements qui ont déjà versé des contributions; j'invite tous les gouvernements à maintenir et à accroître leur soutien.

Je tiens également à rappeler l'importance que j'attache personnellement aux travaux du Comité, dont la persévérance, la détermination et l'attachement à la cause de la paix constituent un exemple pour tous, celui de la voie de la sagesse. Le lourd tribut, tant du point de vue humain que financier, imposé par les conflits en Afrique centrale et ailleurs, et les sommes considérables englouties par les opérations de maintien de la paix, d'aide humanitaire et de reconstruction nous rappelle l'utilité des mesures préventives.

C'est aujourd'hui l'ouverture de la huitième réunion ministérielle du Comité. Il vous a coûté quatre ans d'efforts pour aboutir à la conclusion d'accords sur des questions complexes et délicates. Vous pouvez en être fiers. Il faut maintenant passer à l'action. Les accords que vous avez conclus, s'ils ne sont pas mis en application, perdront toute valeur et il est à craindre que la crédibilité du Comité lui-même soit compromise, tout comme seront affectés ses objectifs. C'est pourquoi je me joins à l'Assemblée générale pour exprimer l'espoir que vos gouvernements donneront au monde entier la preuve de leur volonté politique et signeront sans retard le Pacte de Non Agression qu'ils ont paraphé ici même, il y a près d'un an et demi.

Je m'associe également à l'Assemblée générale pour féliciter vos gouvernements de la récente décision qu'ils ont prise dans le cadre du Comité de désigner, au sein de leurs forces armées respectives, certaines unités qui pourront être affectées à des opérations de maintien de la paix, sous les auspices de l'ONU ou de l'Organisation de l'Unité Africaine. Une telle initiative pourrait marquer une étape importante dans la gestion des conflits en Afrique centrale. Si elle avait été lancée il y a deux ans, on aurait pu éviter la tragédie humaine sans précédent qu'a connue le Rwanda. Votre décision, si elle est pleinement appliquée, contribuera à éviter que de tels événements ne se reproduisent.

Son application constituerait une mesure concrète et responsable, favorisant la confiance entre les États Membres intéressés, et renforcerait la crédibilité et l'efficacité du Comité. L'appel lancé par l'Assemblée générale en vue du versement de contributions volontaires pour faciliter la formation de ces unités de paix, une fois constitué, mérite le plus vaste soutien possible, de sorte que les unités en question puissent être déployées à court délai de préavis, si nécessaire.

Le Pacte de Non Agression et les unités chargées du maintien de la paix peuvent jeter les fondements de l'action future du Comité. Examinons à ce sujet le chemin que vous aurez à parcourir et portons notre attention sur certaines mesures qui pourraient être nécessaires.

Tout d'abord, la fréquence alarmante des

conflits armés en Afrique centrale exige que les parties concernées s'engagent à faire tout leur possible pour régler leurs différends par des voies pacifiques. La diplomatie ne peut faire de miracles, surtout lorsque l'une des parties à un conflit croit pouvoir tirer avantage de l'emploi de la force. Trop souvent cependant, une opération militaire est lancée avant l'épuisement de toutes les options diplomatiques. Je vous demande aujourd'hui de réaffirmer, en application et dans l'esprit de l'Article 33 de la Charte des Nations Unies, que vous êtes résolus à examiner tous les moyens pacifiques permettant de prévenir un conflit armé ou l'éclatement d'une guerre, notamment par la voie de négociation, d'enquête, de médiation, de conciliation, d'arbitrage, de règlement judiciaire, par la persuasion ou les pressions diplomatiques, ou par le recours à des organismes ou accords régionaux.

Au niveau sous-régional, la diplomatie préventive peut se révéler particulièrement efficace. D'où l'importance de votre action. Vos pays, en tant que voisins, ne sont pas seulement conscients de leurs problèmes mutuels, en subissant souvent les conséquences, mais ils sont parfois confrontés aux mêmes difficultés. Vous êtes donc sans doute plus attentifs et prêts à intervenir afin d'empêcher que des troubles n'éclatent dans votre voisinage. Les réunions périodiques tenues par votre Comité, afin d'examiner la situation géopolitique en Afrique centrale, peuvent contribuer à identifier d'éventuels "points chauds" où le recours à la diplomatie préventive pourrait se révéler nécessaire. Vous pouvez contribuer au renforcement de la confiance mutuelle et de la coopération entre vos pays respectifs.

Votre action sera complétée et appuyée par des mesures de diplomatie préventive aux niveaux régional et mondial. Sur le plan régional, l'OUA met actuellement en place un dispositif d'alerte rapide qui lui permettra d'intervenir avec célérité et efficacité afin d'empêcher qu'un différend ne dégénère en véritable conflit. Je m'emploie à renforcer et à améliorer la coopération avec l'OUA et divers organismes et accords régionaux, notamment dans le domaine du rétablissement et du maintien de la paix et de la diplomatie préventive. Ceux-ci peuvent compléter utilement l'action menée par l'ONU à l'échelon mondial afin de surveiller la situation dans les zones présentant un danger potentiel et de préparer la communauté internationale, à intervenir rapidement, si nécessaire.

Toutefois, la notion de diplomatie préventive ne se limite pas aux efforts diplomatiques proprement dits. Pour être efficace, elle exige parfois un déploiement préventif. Dans tous les cas, les nombreuses activités généralement associées aux opérations de consolidation de la paix après les conflits peuvent constituer un élément important de la diplomatie préventive. Je tiens à ce sujet à appeler votre attention sur ce que j'appellerai le "micro-désarmement", c'est-à-dire le contrôle et la réduction de la production, le transfert et le stockage des petites armes classiques et des armes légères qui, dans les conflits actuels, sont responsables de la plupart des décès. La prolifération effrénée de telles armes ne peut qu'engendrer la suspicion, aggraver les tensions, voire déclencher une guerre, notamment dans les pays les plus pauvres. J'ai à diverses reprises recommandé l'élimination du trafic de telles armes et demandé que le concept de microdésarmement soit examiné dans le contexte plus large de la diplomatie préventive et de la consolidation de la paix.

Les pays en développement comme les pays développés ont un rôle essentiel à jouer en ce qui concerne la promotion du microdésarmement. Les pays riches fabriquent des armes qu'ils revendent aux pays pauvres, réalisant ainsi des bénéfices importants. Non seulement ces derniers

consacrent à l'acquisition d'armements une part importante de leurs maigres revenus, mais de plus, ils sont souvent victimes des instruments de mort qu'ils importent. Ce sont les mêmes pays riches qui doivent ensuite consacrer des sommes considérables à la fourniture de secours d'urgence aux victimes des conflits que leurs armes ont déclenchés. Il faut mettre un terme à cette absurdité. J'enjoins une nouvelle fois tous les fabricants et les destinataires de faire preuve de modération, afin d'épargner des vies humaines, notamment dans des régions du monde qui n'ont, à l'instar de la vôtre, que trop souffert des conséquences négatives du trafic d'armes.

Dans le même ordre d'idées, j'appelle à nouveau à l'interdiction complète de la production, du stockage, de la vente et de l'utilisation des mines antipersonnels de tout type et des éléments entrant dans leur fabrication. Les pays d'Afrique centrale sont parfaitement conscients des pertes considérables en vies innocentes causées par les mines terrestres, du lourd fardeau imposé aux sociétés en développement par les soins à dispenser aux victimes et des obstacles redoutables que représentent les mines terrestres pour la reconstruction après les conflits et le développement.

Ces activités de consolidation de la paix mettent clairement en évidence le lien fondamental existant entre les efforts, tels que ceux que vous déployez, visant à prévenir, gérer et régler les conflits et ceux qui sont menés en vue de promouvoir le développement économique et social à long terme. L'Afrique centrale est dotée de ressources naturelles et d'un potentiel humain exceptionnels. Ses habitants sont dynamiques et entreprenants. Mais les conflits destructeurs du passé ont entravé le développement de la région et l'absence de développement a entraîné de nouveaux conflits. Des efforts, tels que ceux que vous avez entrepris, en vue de renforcer la confiance mutuelle et la sécurité, sont essentiels, voire indispensables, pour mettre en valeur le potentiel énorme des pays d'Afrique centrale et offrir à leurs populations la prospérité et la liberté auxquelles elles aspirent. En outre, la prospérité auxquelles elles accéderont grâce aux progrès du développement et à la démocratisation se révéleront être à long terme la forme la plus efficace et la plus durable diplomatie préventive.

Ainsi, les efforts de paix que vous déployez en Afrique centrale sont indissolublement liés aux efforts de développement dans la région, ainsi qu'à la paix et au développement du continent africain tout entier. Il est clair qu'il faut adopter une approche globale aux niveaux national, sous-régional, régional et international.

C'est précisément dans cet esprit que la nouvelle Initiative spéciale du système des Nations Unies pour l'Afrique a été conçue. Ce programme sans précédent, d'un coût de plusieurs milliards de dollars, constitue l'entreprise commune la plus importante qui ait été organisée pour mobiliser la communauté internationale en faveur des objectifs prioritaires de développement de l'Afrique, notamment dans les domaines de la santé et de l'éducation. C'est aussi la première fois que le système des Nations Unies lance une telle initiative pour répondre aux aspirations d'une région entière en matière de développement. Cette initiative a en outre été conçue de sorte à prendre en compte la nature interdépendante des principaux défis que doit relever l'Afrique.

L'ONU estime que les perspectives de reprise économique en Afrique sont meilleures qu'elles ne l'étaient ces dernières années. Notre nouvelle Initiative spéciale à l'échelle du système s'efforcera de tirer parti de cette dynamique et de promouvoir des réalisations dans les domaines de la paix et du développement ayant un effet synergique.

La réalisation de ces objectifs dépendra du succès des efforts entrepris par votre comité en vue de la reconstruction de l'Afrique centrale.

Votre entreprise est ardue. L'ONU et la communauté internationale vous appuieront aussi longtemps que vous ferez preuve de détermination. Je vous souhaite tout le succès possible dans vos délibérations et les tâches essentielles dont vous devrez vous acquitter.

Discours du Secrétaire général Boutros Boutros-Ghali à l'occasion du Premier Sommet des Chefs d'Etat et de Gouvernement des Etats membres du Comité consultatif permanent des Nations Unies sur les questions de sécurité en Afrique centrale
Yaoundé, Cameroun, le 8 juillet 1996
(Message original en Français)

Je voudrais, tout d'abord, vous dire le plaisir que j'ai à me retrouver aujourd'hui parmi vous, à l'occasion de la réunion de votre Comité Consultatif Permanent. Car j'attache une très grande importance à votre institution et à ses travaux.

Depuis 1992, j'ai eu, à plusieurs reprises, l'occasion de souligner le rôle essentiel que vous jouez pour contribuer à l'instauration de la paix dans une région dont nous connaissons tous les difficultés et les incertitudes.

Nous savons, ensemble, qu'il est impératif d'assurer la sécurité en Afrique centrale. Et, une fois encore, je veux vous dire ma confiance dans votre esprit de sagesse et dans votre sens des responsabilités.

Je veux donc saluer cette première réunion tenue au niveau des Chefs d'Etat et de Gouvernement. Elle témoigne de votre volonté de prendre vous-mêmes en charge les problèmes de l'Afrique, non seulement au niveau continental, mais aussi au niveau régional et sous-régional.

L'objectif de sécurité qui anime votre Comité vous conduit tout naturellement à mettre l'accent sur le règlement pacifique des différends entre les Etats.

C'est dans cette perspective que je veux saluer les efforts accomplis par Son Excellence, Monsieur Destin-Arsène Tsaty-Boumgou, pour faire progresser l'élaboration d'un Pacte de non agression.

Je veux également vous encourager dans votre souci de lier l'impératif de sécurité et l'objectif de désarmement.

A cet égard, je veux rappeler l'importance de ce que j'ai appelé le microdésarmement, car il est essentiel à la normalisation des conditions de vie sur le continent africain et à la reconstruction des pays touchés par la guerre.

Je veux donc réaffirmer devant vous que l'Organisation des Nations Unies est prête à soutenir le programme de micro-désarmement régional que vous élaborez actuellement.

Il est essentiel de limiter la prolifération des petites armes sur le continent africain! Il est indispensable d'assurer une plus grande transparence dans l'acquisition des armements! Il est urgent d'assurer un contrôle plus strict des transferts illégaux d'armes de toute nature.

Dans tous ces domaines, vous pouvez compter sur la collaboration de l'Organisation mondiale.

Mais cet objectif de sécurité et de désarmement doit aussi être complété à la fois par des mesures à court terme et par des mesures à long terme.

Sur le court terme, nous devons mettre l'accent sur les mécanismes de prévention des conflits et sur les moyens d'intervenir le plus rapidement possible avant qu'un conflit n'éclate, avant qu'il ne se généralise, avant qu'il ne dégénère.

Vos préoccupations concernant l'instauration de mécanismes d'alerte rapide sont également les miennes. Depuis 1993, l'Organisation de l'Unité Africaine a mis l'accent sur l'importance de ces procédures à l'échelle du continent. Et je me félicite que le même esprit vous anime pour les mettre en oeuvre à l'échelle de votre région. Je ne peux qu'encourager votre démarche.

Mais nous devons bien être conscients aussi que la sécurité de l'Afrique centrale ne sera assurée, de façon durable et permanente, que par des mesures à long terme, au premier rang desquelles je place la promotion de la démocratie et l'instauration de l'Etat de droit.

Je sais combien il s'agit là d'une situation qui vous préoccupe et d'un objectif auquel vous êtes sensibles. Là encore, je veux vous dire combien l'Organisation des Nations Unies soutiendra vos efforts, notamment dans la perspective de la Conférence sous-régionale sur les institutions démocratiques et la paix dont vous avez élaboré le projet.

C'est par l'esprit démocratique que s'incarneront dans les populations les vertus de la tolérance et du respect de la diversité. Nous savons tous qu'il s'agit là de valeurs que les Africaines et les Africains portent en eux-mêmes. Il est donc essentiel de leur offrir des institutions leur permettant de les affirmer et de les mettre en oeuvre.

De la même manière, il est essentiel que, partout, la règle de droit soit établie, que les libertés publiques soient respectées et que les institutions nationales, telles que l'armée ou la police, puissent agir au service de tous, dans un cadre démocratique.

Je suis donc venu ici pour vous témoigner ma solidarité personnelle et l'appui de l'Organisation des Nations Unies.

Un Fonds des Nations Unies a été créé pour appuyer votre action. J'insiste inlassablement pour que les Etats donateurs y contribuent le plus largement. L'Organisation mondiale est là pour mettre, dans la mesure du possible, ses ressources au service de vos objectifs.

Nous devons travailler ensemble, et sans relâche, afin que, malgré les difficultés et les obstacles, l'esprit de paix et de sécurité puisse l'emporter en Afrique centrale.

Dans cet objectif, vous savez combien vous pouvez compter sur moi.

Message du Secrétaire général Boutros Boutros-Ghali à l'occasion du Deuxième Sommet des Chefs d'Etat et de Gouvernement des Etats membres du Comité consultatif permanent des Nations Unies sur les questions de sécurité en Afrique centrale tenu dans un contexte extraordinaire
Brazzaville, Congo, 2-3 décembre 1996
(Message original en Français)

(Par son représentant, Maître Alioune Blondin Beye, Représentant Spécial du Secrétaire général en Angola)
Monsieur le Secrétaire général de l'Organisation des Nations Unies, votre frère M. Boutros Boutros-Ghali, m'a chargé de vous exprimer ses vifs regrets pour n'avoir pu personnellement se joindre à vous ici, à Brazzaville, à ce sommet extraordinaire des pays membres du Comité consultatif permanent des Nations Unies sur les questions de sécurité en Afrique centrale. C'est donc en son nom, que j'ai l'insigne honneur de m'adresser à cette illustre assemblée pour exprimer les sentiments de profonde solidarité de la Communauté Internationale à un moment où cette région névralgique de l'Afrique connaît des turbulences porteuses de tous les dangers.

Les présentes Assises de votre comité se tiennent, en effet, dans une conjoncture particulièrement préoccupante notamment dans la zone des Grands Lacs où la détérioration continue de la situation menace gravement la sécurité et la stabilité de l'ensemble de la sous-région.

C'est pour cette raison que c'est avec soulagement que la Communauté Internationale a enregistré cette initiative louable de son Excellence Monsieur le Professeur Pascal Lissouba, Président de la République du Congo et de ses illustres pairs de la sous-région, conscients, qu'il est avant tout, de leur responsabilité première d'assurer la paix et une coexistence harmonieuse entre tous les Etats et les Peuples frères de cette partie de notre Continent.

Ce réflexe opportun de réunir les Chefs de la "grande famille" en temps de crise ou pour prévenir la crise procède des traditions africaines bien ancrées chez nous que l'on appelle communément l'arbre à palabre et dont on peut dire qu'elle a assurément donné ses lettres de noblesse à ce qui est connu sous le vocable de diplomatie préventive. Votre Comité, Excellences, en est un instrument privilégié et un cadre idéal du règlement des différends entre vos Etats respectifs et de la promotion des relations confiantes entre eux. C'est pourquoi Monsieur le Secrétaire général de l'ONU que vous avez bien voulu associer à la Première réunion des Chefs d'Etat et de gouvernement de votre Comité, le 8 juillet 1996 à Yaoundé, avait tenu à réaffirmer, à cette occasion, le soutien de l'Organisation mondiale aux buts et objectifs de votre Comité. A cet égard, la signature par la quasi-totalité des Etats Membres du Pacte de Non Agression témoigne de la détermination qui anime les Dirigeants de votre sous-région et justifie les espoirs légitimes de leurs peuples. Il est également réconfortant de noter qu'à cette occasion, ces mêmes Dirigeants aient collectivement proclamé que la paix et la sécurité de la sous-région ne pouvaient être assurées à long terme que par le respect des Droits de l'Homme, la démocratisation, l'instauration de l'Etat de Droit, et le développement socio-économique.

L'ampleur des tensions et l'acuité des défis qui assaillent aujourd'hui la sous-région d'Afrique Centrale sont telles que le devoir d'agir, qui s'impose aux Etats concernés et à l'ensemble de la Communauté Internationale, doit se conjuguer avec l'urgence dans la concertation, la solidarité et l'efficacité.

Si en Angola, grâce à la volonté politique des frères angolais d'abord, dont il me plaît ici de saluer le Chef de l'Etat Son Excellence Jose Eduardo Dos Santos, Président de la République, grâce aussi aux efforts patients de la Communauté Internationale, le processus de paix se consolide chaque jour davantage dans ce pays, et autorise aujourd'hui tous les espoirs pour une réconciliation nationale définitive à plus ou moins brève échéance, en revanche la situation actuelle dans la zone des Grands Lacs, et particulièrement à l'Est du Zaïre constitue une menace sérieuse contre la paix et la sécurité internationale dans cette sous-région.

Le Conseil de Sécurité, dans sa Résolution 1080 (1996) du 15 novembre s'est préoccupé de la détérioration continue de cette situation et a rappelé aux Etats les obligations de la Charte de l'ONU quant au respect de la souveraineté et de l'intégrité territoriale de vos Etats, et celui des dispositions pertinentes du Droit International Humanitaire. Le Conseil de Sécurité a par ailleurs envisagé un certain nombre de mesures pour faire face à la crise, en soulignant la nécessité d'une concertation étroite avec les Etats concernés de la sous-région.

Il ne fait aucun doute que la mise en oeuvre des efforts et des initiatives de la Communauté Internationale dans votre sous-région exige davantage de coordination, de contributions concrètes et de célérité.

En effet, la situation des réfugiés et des personnes déplacées, en dépit des récents développements qui ont entraîné une diminution significative de leur nombre, continue de revêtir une importance capitale pour la sécurité de l'ensemble des pays de la zone.

C'est dire, Excellences Messieurs les Chefs d'Etat et de Gouvernement, que vos Assises viennent à point nommé car une fois de plus c'est entre vos mains que reposent légitimement les destinées des populations d'Afrique Centrale et l'initiative vous revient bon droit quant il s'agit d'assurer la stabilité, la paix et le développement de cette zone.

La Comnmunauté Internationale est à votre écoute, elle a envers vos peuples un devoir de solidarité qu'elle entend assumer. Elle sera d'autant plus motivée à agir que la volonté politique des Etats Membres de votre Comité se sera fortement manifestée à l'issue de cette importante rencontre. Nul doute que de vos sages réflexions sortiront des orientations qui feront reculer le spectre d'un embrasement dont personne ne pourrait prévoir les conséquences et accroître les chances d'une paix juste, durable et profitable à l'ensemble des peuples d'Afrique Centrale.

Permettez-moi, Excellences, illustres hôtes, de vous exprimer ma très respectueuse gratitude pour la délicieuse hospitalité toute africaine et pour le privilège que vous venez ainsi de m'accorder en consacrant vos précieux instants à la communication de message de votre frère M. Boutros Boutros-Ghali, Secrétaire général de l'ONU qui formule des voeux ardents de succès à vos assises.
Je vous remercie.

Message du Secrétaire général Kofi A. Annan à la Neuvième réunion ministérielle du Comité consultatif permanent des Nations Unies sur les questions de sécurité en Afrique centrale
Libreville, Gabon, 7-11 juillet 1997
(Message original en Français)

(Par son représentant, M. Mohamed Sahnoun, Représentant spécial du Secrétaire général de l'ONU et de l'OUA pour la Région des Grands Lacs)

Cette neuvième réunion ministérielle de votre Comité a lieu à un moment particulièrement crucial pour l'histoire de l'Afrique Centrale. Les événements tragiques de ces derniers mois qui ont déchiré la région des Grands Lacs, notamment dans l'ancien Zaïre, en République Centrafricaine et à Brazzaville montrent, une fois de plus, que la sous-région centrafricaine continue d'être l'un des espaces les plus volatiles du continent.

Je ne peux que fermement déplorer le coût par trop élevé de ces conflits : en termes de vies humaines, de souffrances, et de mouvements massifs de réfugiés et de personnes déplacées ; autant que les destructions de biens et de structures dans les pays concernés.

Dans ce contexte, il est encourageant de savoir que les Gouvernements de la sous-région se déclarent prêts à intensifier leurs efforts dans la recherche de solutions pacifiques aux nombreux conflits qu'ils connaissent. Votre présence ici, à Libreville, témoigne de la détermination à agir ensemble au service de la sécurité et de la paix dans votre région. Je tiens donc à saluer la volonté politique qui vous anime et ne peut que vous encourager dans ce sens.

Le fait que cette importante réunion se tienne à Libreville témoigne également du rôle essentiel que joue le Gabon dans cette entreprise. Je veux donc saisir l'occasion qui m'est ainsi donnée de rendre hommage au Président El Hadj Omar Bongo, pour ses inlassables efforts en vue de rétablir la paix dans la région et pour son dévouement constant aux valeurs de solidarité et de coopération régionales. Qu'il sache que, dans cette entreprise, le soutien de l'Organisation des Nations Unies lui est acquis.

D'ores et déjà, l'Organisation mondiale travaille étroitement avec les Etats de l'Afrique centrale au règlement des questions de sécurité et de stabilité régionales.

Ainsi des efforts sont déployés pour mettre un terme à la crise politique qui secoue Brazzaville, ou encore, d'intenses négociations qui oeuvrent à consolider le processus de paix en Angola et en République Centrafricaine.

Aujourd'hui, le retour au calme dans la République démocratique du Congo est encourageant. Et je veux vous redire toute la détermination des Nations Unies à travailler étroitement avec les autorités de ce grand pays afin d'en assurer la reconstruction, la stabilité et le progrès, dans un climat de démocratie et de respect de l'Etat de droit.

Dans toute la région, la Communauté internationale continue de se mobiliser en faveur de la réconciliation, de la réhabilitation des combattants et de la reconstruction. Plus que jamais, il nous faut renoncer à la violence comme instrument politique et promouvoir le dialogue. Il faut permettre aux réfugiés et aux personnes déplacées de retourner chez eux dans des conditions de dignité, de sécurité et de justice. Il faut réintégrer et réinsérer rapidement dans la société les réfugiés, les déplacés et les combattants qu'il faut savoir réhabiliter pour éviter qu'ils ne deviennent des causes de nouvelles tensions.

J'ai récemment pris des mesures afin de renforcer les structures du Tribunal international pour le Rwanda et de permettre ainsi de mener devant la justice les responsables du génocide et autres crimes perpétrés durant le tragique conflit qu'a connu ce pays en 1994.

Il faut en finir avec l'impunité pour que les injustices d'hier ne deviennent pas les problèmes de demain.

Les nombreux efforts de paix entrepris ne sauraient aboutir sans la volonté politique indéfectible des Etats centrafricains eux- mêmes.

C'est cet impératif qui a guidé les Chefs d'Etat et de Gouvernement, lors de leur dernier sommet à Yaoundé, en juillet dernier. La Déclaration finale qu'ils ont adoptée à cette occasion reconnaît le rôle essentiel que les Etats de la sous-région eux-mêmes doivent jouer pour assurer leur sécurité.

Et c'est le même esprit qui a animé la décision conjointe des Etats de l'Afrique centrale et de l'Afrique de l'Ouest de mettre en oeuvre une force inter-africaine chargée de rétablir la paix dans la République centrafricaine.

Vous avez également reconnu à Yaoundé qu'une paix durable ne peut être construite que dans une atmosphère de progrès socio-économique, de démocratisation et d'Etat de droit. Je veux souligner l'importance de ces éléments qui, sous le nom générique de "bonne gouvernance", placent la dignité et le bien-être de la personne humaine au centre de l'action publique et des activités gouvernementales. Car, c'est en fonction de l'amélioration des conditions de vie de la personne humaine que doivent se mesurer nos efforts. C'est là l'essence même de la Charte des Nations Unies dont les principes et les objectifs visent à la construction d'un monde meilleur.

C'est la raison pour laquelle il est essentiel de respecter les droits de l'homme, de garantir l'égalité des chances et de promouvoir un environnement politique qui prenne en compte chacune et chacun d'entre nous. Car, c'est à ce prix, et à ce prix seulement, que nous parviendrons à un climat de paix et de prospérité, pour les pays de l'Afrique centrale et du continent africain tout entier.

En 1993, ici même, à Libreville, votre Comité a adopté un Pacte de Non Agression entre les Etats de l'Afrique centrale. Vous avez également décidé de créer un mécanisme d'alerte rapide en Afrique centrale chargé de prévenir les différends à l'intérieur et entre les Etats. Vous avez aussi pris l'initiative remarquable d'organiser l'entraînement conjoint de vos forces militaires afin de les préparer à des opérations de paix futures.

Ces mesures, si elles sont respectées, ouvriront la voie à un avenir de paix et de coopération durable en Afrique centrale. J'en appelle donc à tous les Etats qui n'ont pas encore signé le Pacte de Non Agression de bien vouloir le faire dans les plus brefs délais. Plus encore, j'en appelle à tous les Etats concernés de respecter fidèlement les provisions de ce traité afin de mettre un terme définitif aux conflits qui déchirent l'Afrique centrale.

Dans cete perspective, il reste à déplorer que la sous-région africaine connaisse un accroissement de ses stocks d'armes. Si sur tous les continents, les dépenses militaires ont baissé d'une manière significative, cette tendance ne se traduit pas nécessairement par une réduction uniforme et pas sur toutes les catégories d' armes.

Je suis personnellement très inquiet du trafic grandissant et souvent illicite d'armes dans la sous-région, en particulier de l'armement léger.

Ces armes sont souvent la possession de civils, ce qui contribue au développement de la criminalité et du banditisme, avec les effets déstabilisateurs que l'on connaît. J'encourage donc vivement le Comité dans sa considération de restreindre, au niveau sous-régional, la circulation des armes, restreindre la constitution des arsenaux militaires et réduire les dépenses d'armements.

Le succès dans ce domaine, et notamment l'introduction de mesures concrètes de contrôle des armements, peut être d'une grande utilité, non seulement pour réduire les menaces de conflits, mais aussi pour consolider la paix et promouvoir le développement socio-économique de ces pays en redistribuant les crédits de l'armement à des activités constructives. Croyez-bien que je soutiens pleinement votre effort.

Car, vous le savez bien : la sécurité est un concept global qui dépasse le seul facteur militaire. Si nous mobilisons les potentiels africains à des fins de développement, nous serons mieux à même de stabiliser nos sociétés sur le long terme.

La Communauté internationale se tient prête à vous aider dans cette entreprise cruciale. Et je l'encourage vivement à contribuer généreusement au Fonds d'affectation spéciale des Nations Unies chargé d'aider le Comité.

Permettez-moi de souligner de nouveau en conclusion, cependant, que la paix et la sécurité, en Afrique centrale comme ailleurs, ne peuvent être imposées de l'extérieur. La responsabilité première en revient aux dirigeants des pays concernés.

L'Assemblée générale des Nations Unies ne s'est pas trompée lorsqu'elle a vu dans votre Comité un instrument essentiel de construction de la paix et de la confiance entre vos Etats.

Au nom de l'Organisation des Nations Unies, je veux ici, solennellement, vous réaffirmer notre parfait soutien et notre entière coopération.

Permettez-moi donc de souhaiter le meilleur succès à vos débats.

Documents Divers

A/50/474, annex I

Déclaration de Brazzaville sur la coopération pour la paix et la sécurité en Afrique centrale
Brazzaville, Congo, 1 septembre 1995

1. La septième réunion ministérielle du Comité consultatif permanent sur les questions de sécurité en Afrique centrale, tenue à Brazzaville les 31 août et 1er septembre 1995, a examiné les problèmes de la paix et de la sécurité dans la sous-région de l'Afrique centrale.

2. Les ministres se sont déclarés profondément préoccupés par la persistance des tensions et de la violence en Afrique centrale. Ils ont noté que cette situation dangereuse avait entraîné d'énormes pertes en vies humaines, des dégâts matériels considérables et des souffrances indicibles pour les populations, y compris un déplacement massif de réfugiés. Ils ont souligné que l'insécurité qui en résulte sape les efforts de développement des gouvernements et des peuples de la sous-région, en dépit des ressources naturelles considérables des pays concernés.

3. Les ministres ont constaté que la prolifération d'armes, même chez les civils, notamment les bandes armées, était la cause principale de la violence et de l'insécurité qui régnaient dans les pays de la sous-région. Ils sont également convenus que les problèmes sociopolitiques, les difficultés économiques et le problème des réfugiés et des personnes déplacées exacerbaient les tensions à l'intérieur des États et entre les États.

4. Les ministres ont déclaré que les gouvernements et les peuples des pays concernés étaient responsables au premier chef du maintien de la paix et de la sécurité dans la sous-région. Ils ont encouragé les efforts accomplis dans ce sens par les pays concernés. Tout en se félicitant de la contribution apportée par d'autres États de la sous-région au processus de réconciliation nationale et de rétablissement de la paix dans ces pays, ils ont souligné l'importance de l'appui fourni par la communauté internationale dans son ensemble.

5. Les ministres ont de nouveau condamné les actes de génocide et les massacres atroces commis au Rwanda entre avril et la mi-juillet 1994, les actes de violence extrême perpétrés au Burundi et toutes les autres violations du droit international humanitaire, et ont réaffirmé la volonté résolue de leurs gouvernements de tout faire pour prévenir d'autres manifestations de violence.

6. Les ministres ont réaffirmé leur appui à l'ONU et exprimé leur profonde gratitude pour les efforts que l'Organisation déploie sans relâche dans les domaines de la consolidation de la paix, du maintien de la paix et du rétablissement de la paix et pour l'aide humanitaire d'urgence qu'elle apporte à la sous-région, en Afrique et dans le monde entier. Ils ont félicité les États membres du Comité qui ont participé aux opérations de maintien de la paix des Nations Unies, en particulier le Cameroun, le Congo, le Tchad et le Zaïre. Ils ont pris note avec une satisfaction particulière du déploiement de la Mission de vérification des Nations Unies en Angola (UNAVEM III) et du lancement d'opérations visant à consolider les accords historiques de paix conclus entre le Gouvernement angolais et l'Union nationale pour l'indépendance totale de l'Angola (UNITA), avec la médiation de l'ONU, et ont exprimé leur appui en leur

faveur. Ils ont également exprimé leur appui aux efforts de paix actuellement menés par l'ONU au Burundi et au Rwanda.

7. Les ministres sont également convenus que les nombreux problèmes auxquels doivent faire face l'Angola, le Burundi et le Rwanda et la sous-région de l'Afrique centrale, de manière générale, ne trouveraient de solutions durables que dans le cadre d'une coopération étroite entre la communauté internationale, l'Organisation de l'unité africaine (OUA) et les institutions sous-régionales directement et indirectement intéressées. Ils se sont félicités en particulier de la visite que le Secrétaire général de l'Organisation des Nations Unies, M. Boutros Boutros-Ghali, a effectuée récemment en Angola, au Burundi, au Rwanda et au Zaïre, et qui a contribué à ouvrir de nouvelles perspectives pour une solution durable aux conflits dans la sous-région.

8. Les ministres ont lancé un appel en vue de l'adoption d'urgence de mesures efficaces visant à trouver des solutions concrètes et durables au problème préoccupant des réfugiés et des personnes déplacées dans la sous-région. Ils ont exprimé leur profonde gratitude pour l'assistance humanitaire fournie aux réfugiés et aux personnes déplacées par l'Organisation des Nations Unies, les organisations non gouvernementales et les pays hôtes. Ils ont également noté le lourd fardeau qui pèse sur les pays hôtes, en particulier dans les domaines socio-économique et écologique et dans celui de la sécurité. Se référant à la résolution 49/24 de l'Assemblée générale en date du 2 décembre 1994, ils ont réitéré leur appui à la demande formulée par le Zaïre afin que la communauté internationale lui fournisse une assistance spéciale pour l'aider à faire face aux problèmes causés par l'afflux de réfugiés sur son territoire. Les ministres ont considéré que le problème des réfugiés, qui se pose avec une acuité particulière en Afrique car c'est la région où

l'on compte le plus grand nombre de réfugiés, est un problème humanitaire, et ont demandé à l'ONU, aux pays d'origine et aux pays hôtes d'oeuvrer de concert pour faire en sorte que les réfugiés ne soient pas utilisés à des fins politiques ou pour déstabiliser les États de la sous-région, et de chercher les moyens de les rapatrier dans leurs pays d'origine. À cette fin, les ministres ont chargé les membres du bureau du Comité d'effectuer dès que possible des missions de solidarité dans les pays intéressés afin de contribuer au processus visant à rétablir et à renforcer la paix dans la sous-région.

9. Les ministres ont souligné que l'objectif premier des pays de la sous-région est d'améliorer le niveau de vie de leur population. Ils ont constaté que cet objectif ne pourra être atteint que dans un climat de paix et de stabilité à l'intérieur des États et entre les États. À cette fin, ils ont souligné qu'il existe une relation étroite entre la sécurité et le développement durable. Compte tenu de l'appui considérable que l'ONU et la communauté internationale apportent aux efforts visant à promouvoir la sécurité et le développement dans la sous-région, et de la nécessité urgente pour la sous-région de résoudre les problèmes qui se posent dans ces deux domaines, les ministres ont décidé de tenir l'une de leurs prochaines réunions au Siège de l'ONU afin qu'un échange de vues plus large puisse avoir lieu avec les organes du système des Nations Unies.

10. Les ministres ont chargé les membres du bureau du Comité d'organiser une conférence sous-régionale sur le thème "Institutions démocratiques et paix en Afrique centrale".

11. Enfin, les ministres ont noté que leur réunion se tenait au moment même où l'ONU célébrait son cinquantième anniversaire, et ont réaffirmé l'attachement de leurs pays aux buts et objectifs consacrés dans la Charte.

Déclaration finale du premier sommet des chefs d'État et de gouvernement des pays membres du Comité consultatif permanent des Nations Unies chargé des questions de sécurité en Afrique centrale

Yaoundé, Cameroun, 8 juillet 1996

1. Du fait de la persistance et de l'aggravation des actes de violence en Afrique centrale, le premier sommet des chefs d'État et de gouvernement des pays membres du Comité consultatif permanent des Nations Unies chargé des questions de sécurité en Afrique centrale s'est tenu le 8 juillet 1996 à Yaoundé afin d'examiner les problèmes liés à la paix et à la sécurité dans la sous-région, conformément à la recommandation de la réunion ministérielle dudit Comité.

2. Les chefs d'État et de gouvernement expriment leur profonde préoccupation devant la persistance des tensions, des crises et des conflits ainsi que de la violence en Afrique centrale, ce qui a engendré un véritable drame humanitaire, en particulier en ce qui concerne les problèmes des réfugiés et des personnes déplacées.

3. Les chefs d'État et de gouvernement soulignent l'impérieuse nécessité pour les États de la sous-région de créer, de promouvoir et de soutenir des systèmes participatifs de gouvernance comme moyen de prévenir les conflits. Par ailleurs, ils soulignent la nécessité d'organiser, sous l'égide des Nations Unies, des séminaires de formation à l'intention des cadres des forces armées, de la garde républicaine, de la gendarmerie et de la police des États d'Afrique centrale, dans le but de promouvoir la culture de paix en repréisant leur rôle dans le contexte démocratique.

4. Les chefs d'État et de gouvernement conviennent de prendre les mesures nécessaires visant la promotion de la confiance et de la sécurité entre les États de la sous-région d'Afrique centrale. Dans cette perspective, ils procèdent à la signature du Pacte de non agression entre les États de l'Afrique centrale et feront prendre les dispositions appropriées pour son application effective.

5. Les chefs d'État et de gouvernement soulignent également la nécessité de privilégier le recours par les États de la sous-région, aux mécanismes de concertation bilatéraux et sous-régionaux comme moyen de règlement pacifique de leurs différends, ce qui permettrait entre autres de régler de façon rapide et satisfaisante l'épineux problème des réfugiés et des personnes déplacées dans la sous-région.

6. Les chefs d'État et de gouvernement expriment leur préoccupation devant l'aggravation de la prolifération des armes, source d'insécurité et de menace à la stabilité des États de la sous-région. Pour endiguer ce fléau, ils se prononcent en faveur d'une coopération dans la lutte contre ce phénomène, notamment en mettant en place un programme de désarmement avec l'assistance des Nations Unies et de la communauté internationale. À cet effet, ils demandent à leurs ministres de la défense et de l'intérieur de se réunir d'urgence afin de proposer les modalités pratiques en vue de l'élaboration de ce programme.

7. Les chefs d'État et de gouvernement conviennent de mettre en place, sous les auspices des Nations Unies, un mécanisme d'alerte rapide en tant qu'instrument de base de la diplomatie préventive en Afrique centrale. Ils donnent mandat à leurs ministres des affaires étrangères, de la défense et de l'intérieur d'examiner avec l'ONU les modalités de mise en place de ce mécanisme.

8. Les chefs d'État et de gouvernement réaffirment la décision de créer des unités types de maintien de la paix au sein des forces armées, de la gendarmerie, de la garde républicaine, et de la police des États membres à mettre à la disposition de l'ONU et de l'Organisation de l'unité africaine dans le cadre des opérations de paix. Ils notent avec satisfaction les mesures concrètes prises à cet effet par les États membres. Ils se félicitent, par ailleurs, des dispositions prises par l'ONU en vue d'assurer la formation desdites unités.

9. Les chefs d'État et de gouvernement soulignent la nécessité de renforcer la coopération entre les États de la sous-région et les partenaires bilatéraux et multilatéraux en matière de paix et de sécurité en Afrique centrale. À cet effet, ils expriment leur gratitude à ceux des partenaires qui ont contribué et contribueront au Fonds d'affectation spéciale des Nations Unies pour la mise en oeuvre du programme du Comité.

10. Les chefs d'État et de gouvernement se félicitent de la création en 1992 par l'Assemblée générale des Nations Unies du Comité consultatif permanent des Nations Unies chargé des questions de sécurité en Afrique centrale. Ils expriment leur reconnaissance à l'ONU pour le soutien qu'elle ne cesse d'apporter au Comité. Ils décident de se réunir périodiquement pour examiner les questions liées à la paix et à la sécurité en Afrique centrale.

Pacte de Non Agression entre Etats Membres du Comité des Nations Unies sur les Questions de Sécurité en Afrique Centrale
Signé à Yaoundé, Cameroun, le 8 juillet 1996

LES HAUTES PARTIES CONTRACTANTES,

Considérant que les relations harmonieuses qui existent entre les peuples et les Etats Membres du Comité Consultatif Permanent des Nations Unies sur les Questions de Sécurité en Afrique Centrale ne peuvent être maintenues et renforcées que dans un climat de paix et de sécurité favorable au développement économique et social,

Considérant l'article 2 (4) de la Charte des Nations Unies qui demande à tous les Etats Membres de s'abstenir dans leurs relations internationales de recourir à la menace ou à l'emploi de la force soit contre l'intégrité territoriale ou l'indépendance de tout Etat, soit de toute autre manière incompatible avec les buts des Nations Unies,

Considérant la déclaration AHG/DECL.3 (XXIX) de la vingt-neuvième session ordinaire des Chefs d'Etat et de Gouvernement de l'OUA, de juin 1993, portant création au sein de l'OUA d'un mécanisme pour la prévention, la gestion et le règlement des conflits en Afrique,

Considérant la décision du Secrétaire général de l'ONU en date du 28 mai 1992 de créer, le Comité consultatif permanent des Nations Unies sur les questions de sécurité en Afrique Centrale, conformément à la résolution 46/37B de l'Assemblée générale des Nations Unies,

Considérant les conclusions de la

réunion d'organisation du Comité Consultatif permanent sur les questions de sécurité en Afrique Centrale tenue à Yaoundé en juillet 1992, telles qu'entérinées par la résolution A/47/53 F adoptée par l'Assemblée générale des Nations Unies le 15 décembre 1992, lors de sa quarante-septième session,

Réaffirmant leur engagement à promouvoir une politique de coopération et à poursuivre les objectifs de paix, de sécurité, de désarmement et de développement dans la sous-région,

SONT CONVENUES DE CE QUI SUIT:

Article Premier
Les Etats Membres s'engagent à ne pas recourir dans leurs relations réciproques, à la menace ou à l'emploi de la force, ou à l'agression, soit contre l'intégrité territoriale ou l'indépendance des autres Etats Membres, soit de toute autre manière contraire à la Charte de l'Organisation des Nations Unies, à celle de l'Organisation de l'Unité Africaine et au traité constitutif de la Communauté Economique des Etats de l'Afrique Centrale.

Article II
Chaque Etat membre s'engage à ne pas commettre, encourager ou soutenir des actes d'hostilité, ou d'agression contre l'intégrité territoriale ou l'indépendance des autres Etats Membres.

Article III
Chaque Etat membre s'engage à empêcher que les actes visés à l'article 2 ci-dessus soient commis par des Etrangers résidents et non-résidents à partir de son territoire contre la souveraineté et l'intégrité territoriale des autres Etats Membres.

Article IV
Les Etats membres s'engagent à recourir aux moyens pacifiques pour régler les différends qui pourraient surgir entre eux, en recourrant aux différents mécanismes pertinents de règlement de conflit aux

niveaux de la Communauté Economique des Etats de l'Afrique Centrale, de l'Organisation de l'Unité Africaine et/ou de l'Organisation des Nations Unies.

Article V
Le présent pacte pourra être complété par des protocoles additionnels.

Article VI
1. Le présent pacte entrera en vigueur dès sa ratification par au moins sept des Etats signataires suivant les procédures constitutionnelles propres à chaque Etat membre;

2. Le présent pacte, dont les textes anglais et français font également foi, ainsi que tous les instruments de ratification seront déposés auprès du Gouvernement abritant la signature dudit pacte, dépositaire, qui transmettra des copies certifiées conformes de cet Accord à tous les Etats membres, leur notifiera des dates de dépôt des instruments de ratification et fera enregistrer le présent texte auprès de l'Organisation des Nations Unies et de l'Organisation de l'Unité Africaine.

EN FOI DE QUOI les soussignés, dûment habilités a cet effet, ont signé le présent Pacte.

Fait à Yaoundé , le 08 juillet 1996

POUR:
L'ANGOLA	
LE BURUNDI	signé
LE CAMEROUN	signé
LE CONGO	signé
LE GABON	signé
LA GUINEE EQUATORIALE	signé
LA REPUBLIQUE CENTRAFRICAINE	signé(24/09/96)
LE RWANDA	
LE SÃO TOME ET PRINCIPE	signé
LE TCHAD	signé
LE ZAÏRE	signé

Déclaration du sommet des chefs d'État et de Gouvernement des pays membres du Comité consultatif permanent des Nations Unies sur les questions de sécurité en Afrique centrale

Brazzaville, Congo, 2- 3 décembre 1996

Nous, chefs d'État et de gouvernement des pays membres du Comité consultatif permanent des Nations Unies sur les questions de sécurité en Afrique centrale :

République d'Angola,
République du Burundi,
République du Cameroun,
République centrafricaine,
République du Congo,
République gabonaise,
République de Guinée équatoriale,
République de São Tomé et Principe,
République du Tchad,
République du Zaïre,

réunis du 2 au 3 décembre 1996 à Brazzaville, après avoir examiné les problèmes graves liés à la paix et à la sécurité en Afrique centrale, en particulier la situation dans la région des Grands Lacs,

I. CONTEXTE GÉNÉRAL

1. Notons avec une profonde inquiétude que la situation dans l'ensemble de la sous-région non seulement demeure très préoccupante, mais s'est détériorée dans certaines parties de la sous-région depuis le dernier sommet du Comité, tenu le 8 juillet 1996 à Yaoundé.

2. Exprimons notre profonde préoccupation devant les derniers développements dans la région des Grands Lacs, en particulier dans l'est du Zaïre et en République centrafricaine.

3. Nous félicitons des progrès réalisés en faveur de la paix et de la réconciliation nationale en Angola et encourageons vivement les frères angolais à conclure les questions militaires et à entamer le plus rapidement possible la phase politique, conformément au Protocole de Lusaka et à la résolution 1075 (1996) du Conseil de sécurité du 11 octobre 1996, en vue de consolider le processus de paix et permettre au peuple angolais de consacrer ses efforts à l'oeuvre de reconstruction nationale.

4. Condamnons fermement la menace ou l'usage de la force comme moyen de résoudre les problèmes tant à l'intérieur qu'entre les États.

5. Déplorons vivement les nombreuses pertes en vies humaines, les dommages matériels, ainsi que les souffrances indicibles causés par les conflits armés dans la sous-région, qui engendrent des millions de réfugiés et de personnes déplacées. Exprimons notre profonde gratitude aux pays et aux peuples de la sous-région pour l'hospitalité et l'accueil généreux et fraternels.

6. Reconnaissons que nos pays et nos peuples sont unis par des liens naturels et historiques de fraternité et de solidarité et nous engageons à oeuvrer en vue de la consolidation de ces liens.

7. Nous félicitons de la récente signature par le Burundi, le Cameroun, le Congo, le Gabon, la Guinée équatoriale, la République centrafricaine, São Tomé-et-Principe, le Tchad et le Zaïre du Pacte de non-agression entre les États de l'Afrique centrale et invitons les États membres du Comité qui ne l'ont pas encore fait à le signer le plus tôt possible dans la mesure où ce Pacte est l'une des plus importantes mesures de confiance entre les États de la sous-région.

8. Réitérons notre engagement à recourir aux mécanismes de concertation bilatéraux

et multilatéraux comme moyens de règlement des différends interétatiques et de privilégier le dialogue et la recherche du consensus dans la résolution des conflits internes, conformément à la tradition africaine.

9. Réitérons également notre engagement à respecter les principes fondamentaux prescrits par les Chartes des Nations Unies et de l'Organisation de l'unité africaine (OUA), notamment :

    a) Égalité souveraine de tous les États;

    b) Non-ingérence dans les affaires intérieures des États;

    c) Respect de la souveraineté et de l'intégrité territoriale de chaque État;

    d) Règlement pacifique des différends;

    e) Intangibilité des frontières internationalement reconnues.

10. Reconnaissons le droit inaliénable des États à rétablir l'autorité centrale de l'État partout où elle est menacée à l'intérieur des frontières internationalement reconnues.

11. Réaffirmons la décision collective des États membres de participer plus activement dans les opérations de paix des Nations Unies et de l'OUA, en particulier dans la sous-région.

    À cet égard, réaffirmons également la décision de créer au sein de nos forces armées des unités spécialisées dans les opérations de paix.

    Demandons aux partenaires bilatéraux et multilatéraux, avec l'appui de l'ONU, de soutenir les requêtes en urgence en équipement logistique et formation desdites unités.

12. Réitérons l'urgente nécessité pour les États membres d'établir, de promouvoir et de soutenir les systèmes participatifs de gouvernance, les droits de l'homme et la primauté du droit comme moyens de prévenir les conflits et de garantir la stabilité des États. Soulignons à cet égard la nécessité d'organiser des séminaires à l'intention des forces de sécurité des États membres dans le but de promouvoir la culture de paix en redéfinissant leur rôle dans le contexte démocratique.

II. LA SITUATION DANS LA RÉGION DES GRANDS LACS

13. Soulignons la nécessité d'une approche intégrée et globale dans la recherche d'une paix durable dans la région des Grands Lacs en tenant compte de la complexité des défis auxquels est confrontée cette partie de la sous-région, en particulier dans les domaines humanitaire, sécuritaire et politique.

Sur les aspects humanitaires

14. Exprimons notre consternation devant les tergiversations de la communauté internationale face aux souffrances des peuples frères de la région des Grands Lacs et nous engageons à tout mettre en oeuvre en intensifiant nos efforts en vue d'éliminer la crise humanitaire affectant cette partie de la sous-région de l'Afrique centrale.

15. Exprimons notre gratitude à la République-Unie de Tanzanie et au Zaïre, qui ont accueilli sur leur territoire le plus grand nombre de réfugiés de la région des Grands Lacs et en appelons à l'accroissement du soutien international directement à ces pays et aux pays d'asile afin de les aider à faire face aux conséquences économiques, environnementales et à toutes autres qui seraient dues à l'afflux massif des réfugiés sur leur territoire.

16. Soulignons la nécessité d'une consultation avec les États de la région des Grands Lacs directement concernés par les

opérations humanitaires. Soulignons également l'intérêt de renforcer la coopération dans le domaine humanitaire entre les membres du Comité consultatif permanent, en facilitant l'acheminement de l'aide humanitaire à leurs destinataires et en impliquant les unités spécialisées dans les opérations de paix.

17. Notons les efforts que fournissent le Burundi et le Rwanda en vue d'accueillir et de réinstaller les réfugiés dans les conditions de sécurité et de dignité. Encourageons ces pays à poursuivre ces efforts.

18. Notons les dispositions déjà prises par le Gouvernement burundais dans le sens de la reprise du processus démocratique dans ce pays et prenons acte de son engagement à accélérer la mise en place des institutions démocratiques dans des délais raisonnables en privilégiant le dialogue avec l'ensemble de la classe politique et toutes les composantes de la société burundaise.

19. Invitons les États parties aux Accords d'Arusha de lever l'embargo qui affecte davantage le peuple burundais et en particulier les couches sociales les plus vulnérables.

Sur les aspects sécuritaires

20. Sommes convaincus que la prolifération anarchique des armes et le recours à l'usage de la force dans le règlement des différends constituent des sources majeures d'instabilité et de tensions qui prévalent dans la région des Grands Lacs.

Encourageons par voie de conséquence tous les protagonistes burundais à recourir à la médiation de leur choix qui présente les garanties objectives de neutralité pour faire avancer le processus de paix dans l'intérêt du peuple burundais.

Le Bureau du Comité consultatif permanent des Nations Unies sur les questions de sécurité en Afrique centrale y apportera son appui.

21. Condamnons fermement toutes actions ou mesures de nature à violer l'intégrité territoriale de tout État de la région des Grands Lacs conformément à la résolution No 16 du premier sommet de l'OUA, tenu au Caire en 1964.

22. Soulignons la nécessité pour chaque État de mettre en place une armée véritablement républicaine afin de garantir la stabilité, la sécurité et la confiance sur son territoire et engageons les partenaires bilatéraux et multilatéraux à soutenir les efforts des pays sinistrés dans la restauration de l'autorité de l'État.

Sur les aspects politiques

23. Affirmons que la paix et la sécurité véritables dans cette partie de notre sous-région reposent sur l'instauration et la consolidation de la démocratie, ainsi que des systèmes participatifs de gouvernance qui prennent en compte la spécificité de chaque État. À cet effet, engageons les pays membres du Comité à assurer la médiation entre les parties concernées, à leur demande.

24. Considérons que l'impunité constitue une menace à la paix et à la stabilité des États. Invitons à cet égard tous les États à coopérer avec le Tribunal international pénal pour le Rwanda conformément à la résolution 955 (1994) du Conseil de sécurité de l'Organisation des Nations Unies.

III. MESURES DE SUIVI

25. Décidons de suivre la situation dans la région des Grands Lacs comme une préoccupation prioritaire et de nous consulter régulièrement sur son évolution en vue de rechercher des solutions pacifiques.

26. Donnons mandat au Bureau du Comité de prendre des dispositions pratiques en vue d'établir le mécanisme sous-régional d'alerte rapide en tant qu'instrument de base de la diplomatie préventive en Afrique centrale et de faire rapport aux chefs d'État et de gouvernement des pays membres avant la fin juin 1997.

27. Demandons aux Ministres de la défense et de l'intérieur des États membres de tenir une réunion mixte d'urgence en vue de proposer les modalités pratiques d'une coopération sous-régionale dans la lutte contre la prolifération anarchique des armes et le trafic illicite des stupéfiants. Demandons par ailleurs au Bureau du Comité d'en faire rapport aux chefs d'État et de gouvernement.

28. Décidons de convoquer en février 1997 à Brazzaville la conférence sous-régionale au niveau ministériel sur la problématique "Institutions démocratiques et paix en Afrique centrale", et soulignons l'importance de la participation effective de tous les États de la sous-région à cette conférence.

29. Demandons au Bureau de prendre contact avec les partenaires bilatéraux et multilatéraux et de solliciter leur contribution au Fonds d'affectation spéciale établi par les Nations Unies pour relancer les activités du Comité et en priorité la mise en oeuvre des mesures contenues dans la présente déclaration.

30. Déplorons qu'à l'aube du XXIe siècle, où des opportunités de progrès scientifique et technologique s'offrent au monde, la pleine participation de l'Afrique en général et de la sous-région en particulier dans cette dynamique demeure entravée par la multiplication des conflits et l'instabilité politique. À cet égard réaffirmons la responsabilité première qui incombe à chaque État d'assurer la sécurité et le bien-être de ses populations et soulignons la nécessité de promouvoir le développement par la science comme moyen de prévenir les conflits et de garantir la stabilité politique des États.

31. Soutenons la République centrafricaine dans les efforts et les initiatives qu'elle développe, dans le cadre des institutions démocratiques établies, pour ramener la paix, la concorde et la stabilité dans le pays.

32. Nous félicitons enfin du climat empreint de cordialité, de compréhension et de fraternité qui a prévalu tout au long du sommet.

A/52/283*-S/1997/644*

Rapport de la neuvième réunion ministérielle du Comité consultatif permanent des NationsUnies sur les questions de sécurité en Afrique centrale
Libreville, Gabon, 7-11 juillet 1997

INTRODUCTION

1. La neuvième réunion du Comité consultatif permanent de l'Organisation des Nations Unies sur les questions de sécurité en Afrique centrale s'est tenue à Libreville du 7 au 11 juillet 1997 au niveau ministériel.

2. Ont pris part à cette réunion les États membres suivants : Angola, Burundi, Cameroun, Congo, République centrafricaine, République démocratique du Congo, Gabon, Guinée équatoriale, São Tomé et Principe et Tchad.

3. État empêché : le Rwanda.

4. Ont également participé aux travaux en qualité d'observateurs : Le représentant du Secrétaire général de l'ONU; Le représentant du Secrétaire général de

l'Organisation de l'unité africaine (OUA); Le représentant du Programme des Nations Unies pour le développement (PNUD); Le représentant de l'Agence de coopération culturelle et technique (ACCT).

5. Sur invitation du Gouvernement gabonais, les cinq membres permanents du Conseil de sécurité de l'Organisation des Nations Unies ont été conviés à la réunion du Comité. Les représentants de la Chine, des États-Unis d'Amérique, de la Fédération de Russie et de la France y ont pris part. Le Royaume-Uni de Grande-Bretagne et d'Irlande du Nord était empêché.

6. L'ouverture solennelle de la réunion a été ponctuée par : Le discours du Président en exercice du Bureau du Comité, S. E. M. Destin Arsène Tsaty-Boungou, Ministre des affaires étrangères et de la coopération, Chargé de la francophonie de la République du Congo; Le message du Secrétaire général de l'ONU lu par son représentant, M. Mohamed Sahnoun, Représentant des Secrétaires généraux des Nations Unies et de l'OUA pour la région des Grands Lacs; Le discours d'ouverture de S. E. Docteur Paulin Obame Nguema, Premier Ministre, chef du gouvernement de la République gabonaise.

A. Adoption de l'ordre du jour

7. Le Comité a adopté l'ordre du jour suivant :

1. Élection du bureau du Comité.
2. Bilan de l'action du Comité.
3. Revue de la situation géopolitique en Afrique centrale.
4. Implication du bureau du Comité dans les processus de paix en Afrique centrale et examen du plan d'action du Comité.
5. Échange de vues sur une meilleure coopération pour la prévention et la gestion des conflits en Afrique centrale : quel rôle pour les pays membres permanents du Conseil de

sécurité?
6. Recommandations.
7. Examen et adoption du rapport final de la neuvième réunion du Comité.

B. Déroulement des travaux

I. ÉLECTION DU BUREAU

8. Le Comité a élu un nouveau bureau composé comme suit : Président : Gabon; Premier Vice-Président :Angola; Deuxième Vice-Président : Tchad; Rapporteur général : Burundi.

II. BILAN DE L'ACTION DU COMITÉ

9. Le Comité prend acte du bilan par S. E. M. Destin Arsène Tsaty-Boungou, Ministre des affaires étrangères et de la coopération, Chargé de la francophonie de la République du Congo, en sa qualité de Président sortant.

10. Ce bilan se caractérise par une plus grande reconnaissance du rôle joué par le Comité dans la recherche des voies et moyens pour trouver des solutions aux crises et conflits en cours dans la sous-région.

11. Par ailleurs, le Comité note l'implication effective des chefs d'État et de gouvernement des pays membres aux actions du Comité, notamment leur participation en 1996 aux sommets de Yaoundé et de Brazzaville.

12. Le Comité rappelle que lors du sommet de Yaoundé, qui s'est tenu en marge du 32e Sommet de l'OUA, huit chefs d'État et de gouvernement ont procédé à la signature solennelle du Pacte de non agression. À ce jour, neuf États membres du Comité ont déjà signé ce pacte.

13. Le Comité note la volonté réaffirmée par l'Angola de signer ledit pacte dans les meilleurs délais. Par ailleurs, il lance un appel au Rwanda pour qu'il en fasse autant

et invite les États membres l'ayant déjà signé à procéder à sa ratification en vue de son entrée en vigueur.

14. En outre, le Président sortant a souligné la contribution du Comité dans la recherche de solutions à la crise de l'ex-Zaïre, et s'est réjoui de l'organisation d'un séminaire de formation des formateurs aux opérations de paix.

15. Le bureau sortant a aussi procédé à la préparation de la conférence sous-régionale sur le thème "Institutions démocratiques et paix en Afrique centrale", dont la tenue devrait intervenir avant la fin de l'année 1997.

16. Enfin, le bureau a pris note de l'étude, préparée à sa demande par le secrétariat du Comité sur la mise en place du mécanisme d'alerte rapide dont le siège est prévu à Libreville. Ce projet a été soumis au PNUD pour solliciter sa contribution au financement du mécanisme.

17. Le Comité adresse ses félicitations au Président sortant pour les efforts accomplis dans l'exercice de son mandat.

III. REVUE DE LA SITUATION GÉOPOLITIQUE EN AFRIQUE CENTRALE

18. Introduisant ce point, le nouveau Président du bureau, S. E. M. Casimir Oye Mba, Ministre d'État, Ministre des affaires étrangères et de la coopération de la République gabonaise, a noté avec préoccupation la dégradation de la situation de paix et de la stabilité dans un grand nombre de pays membres du Comité. Il a souligné le caractère indivisible de la paix et de la sécurité sous-régionales. Il a, à cet égard, insisté sur le fait qu'aucun pays de l'Afrique centrale ne connaîtra une paix durable tant que persisteront des foyers de tension dans d'autres pays de la sous-région.

République démocratique du Congo

19. Le Comité salue le retour au calme après le changement intervenu en République démocratique du Congo et prend note avec satisfaction de la détermination des Nations Unies à travailler étroitement avec les nouvelles autorités de ce pays d'Afrique centrale afin d'en assurer la reconstruction, la stabilité et le progrès dans le respect des principes démocratiques et de l'État de droit.

Burundi

20. Le Comité se félicite de l'amélioration de la situation générale au Burundi, et encourage le Gouvernement burundais à poursuivre le dialogue avec toutes les parties en conflit en vue de la reprise du processus démocratique et de créer toutes les conditions pour une véritable réconciliation nationale.

21. Préoccupé par les conséquences désastreuses de l'embargo imposé au Burundi sur les couches sociales les plus vulnérables de la société burundaise, le Comité lance à nouveau un appel aux États parties aux Accords d'Arusha en vue de la levée totale de cet embargo.

22. Notant les importants efforts faits par les États pour accueillir des réfugiés sur leur territoire, le Comité souligne la nécessité pour les pays d'accueil de veiller à ce que les conventions internationales relatives au statut des réfugiés soient pleinement respectées. Le Comité exhorte par ailleurs les pays d'origine des réfugiés de créer les conditions visant à faciliter le retour des réfugiés dans leur pays respectif dans la dignité et la sécurité.

République du Congo

23. Le Comité exprime sa profonde préoccupation face à la crise politico-militaire qui secoue la République du Congo et qui occasionne de nombreuses pertes de

vies humaines innocentes.

24.   Il exhorte les parties en conflit à tout mettre en oeuvre pour que cessent les hostilités, en faisant prévaloir des solutions juridique et politique, fondées sur les dispositions constitutionnelles.

25.   Le Comité lance également un appel à la communauté internationale, et particulièrement au Conseil de sécurité de l'ONU, pour le déploiement rapide de la force de maintien de la paix des Nations Unies au Congo afin d'aider à la poursuite du processus démocratique dans ce pays.

Angola

26.   Le Comité se félicite de l'évolution positive de la situation en Angola qui a été marquée par la mise en place, le 11 avril 1997, d'un gouvernement d'union nationale comprenant des représentants de l'Union nationale pour l'indépendance totale de l'Angola (UNITA) et par le retour à l'Assemblée nationale des députés de l'UNITA.

27.   Le Comité appuie ce processus qui ouvre la voie à l'application totale du Protocole de Lusaka et invite toutes les parties à oeuvrer de bonne foi à l'instauration d'une paix durable en vue de la réconciliation nationale. À cet égard, il soutient les efforts du Gouvernement angolais afin de prévenir toutes actions susceptibles de mettre en danger l'application intégrale du Protocole de Lusaka.

Tchad

28.   Le Comité note avec satisfaction le retour de la paix au Tchad ainsi que la consolidation du processus démocratique dans ce pays.

29.   Il se félicite des efforts entrepris par le Gouvernement tchadien dans sa lutte contre le trafic illicite des armes.

30.   En outre, le Comité loue les efforts entrepris ayant abouti à la réduction des effectifs de l'armée et lance un vibrant appel à la communauté internationale pour soutenir le Gouvernement tchadien dans la phase de réinsertion sociale des soldats démobilisés.

Cameroun

31.   S'agissant du Cameroun, le Comité exprime sa préoccupation face à la persistance de la tension et des incidents militaires dans la zone litigieuse de Bakassi. Il invite la Cour internationale de Justice à accélérer la procédure juridictionnelle en cours en vue du règlement définitif de ce différend.

32.   Le Comité note par ailleurs le bon déroulement des dernières consultations électorales au Cameroun.

São Tomé et Principe

33.   Le Comité note avec satisfaction les efforts substantiels entrepris en 1997 par le Gouvernement de São Tomé et Principe en vue de la consolidation du processus démocratique dans ce pays.

République centrafricaine

34.   En République centrafricaine, le Comité se réjouit de l'amélioration de la situation politique et de sécurité dans ce pays et se félicite, à cet égard, du rôle déterminant joué sur le terrain par le Comité international de suivi pour faciliter l'action de la MISAB (Mission interafricaine de surveillance des Accords de Bangui). Le Comité salue les efforts du général Amadou Toumani Touré, ayant abouti à la signature d'un cessez-le-feu le 2 juillet 1997 et à l'adoption d'un calendrier de réintégration des militaires en rébellion avec leurs armes dans leurs casernes respectives.

35. Le Comité est d'avis que ce retour des militaires dans leurs unités respectives représente une avancée importante qui doit marquer la fin de la mutinerie dans ce pays.

Guinée équatoriale

36. Le Comité se félicite des efforts entrepris en Guinée équatoriale pour consolider le processus démocratique dans ce pays. Il prend note à cet effet de la signature d'un pacte national entre le Gouvernement et tous les partis politiques et d'un document d'évaluation dudit pacte.

IV. IMPLICATION DU BUREAU DU COMITÉ DANS LES PROCESSUS DE PAIX EN AFRIQUE CENTRALE ET EXAMEN DU PLAN D'ACTION DU COMITÉ

37. La situation fort préoccupante dans laquelle se trouve actuellement la sous-région et la nécessité de mettre en oeuvre des mesures efficaces de prévention des crises et conflits vont, conformément aux recommandations antérieures du Comité, amener le bureau du Comité à s'impliquer davantage dans les processus de médiation présents et futurs.

38. Le Comité invite ainsi son Président à offrir ses bons offices et à jouer pleinement un rôle de médiation dans les situations de crises et conflits dans la sous-région.

39. Le Comité s'accorde à mener ses activités autour du programme d'action ci-après :

Au plan politique et diplomatique

40. Tenant compte de la gravité de la situation en République du Congo et de l'impérieuse nécessité de mettre fin à la violence qui déchire ce pays, le Comité soutient pleinement l'appel lancé au Conseil de sécurité par Son Excellence El Hadj Omar Bongo, Président de la République gabonaise et Président du Comité

international de médiation, pour le déploiement d'une force d'interposition dans ce pays. À cet égard, le Comité encourage vivement les États membres à participer à une telle force.

41. Le Comité donne mandat à son Président de rencontrer en marge de la cinquante-deuxième session de l'Assemblée générale des Nations Unies, et avec les autres membres du Bureau, le Secrétaire général de l'ONU, en vue de solliciter son appui continu aux efforts du Comité. À cette occasion, le Bureau exprimera le voeu du Comité de ramener à deux le nombre de réunions ministérielles annuelles du Comité comme c'était le cas initialement.

42. Le Comité donne mandat à son bureau, lors de son séjour à New York, de poursuivre les consultations avec les membres du Conseil de sécurité, afin de renforcer la coopération des pays d'Afrique centrale avec cet organe dans la recherche des voies et moyens de consolider la paix sous-régionale.

43. Le Comité donne mandat au Bureau d'entrer en contact avec le Secrétariat général de l'ONU, le PNUD, l'Union européenne et avec les autres partenaires de la sous-région afin d'assurer l'établissement effectif du mécanisme d'alerte rapide, de préférence avant la fin de l'année 1997.

44. Comme proposé par le Président du Bureau sortant, le Comité recommande, d'ici la fin de l'année, la tenue de la Conférence sur la problématique : "Institutions démocratiques et paix en Afrique centrale". Le Comité salue le voeu exprimé par la Guinée équatoriale d'abriter cette conférence. Le Comité demande au Président du Bureau d'entrer en contact avec le gouvernement de ce pays afin de confirmer les date, lieu et modalités de la tenue de cette importante conférence.

45. Compte tenu de l'importance du Pacte de non agression, le Comité donne mandat au Président de se rapprocher des autorités angolaises et rwandaises, afin de recueillir leurs signatures.

46. Le Comité prend note du message adressé par le Secrétaire général de l'OUA à la neuvième réunion ministérielle. Il se félicite de la disponibilité de cette organisation panafricaine d'oeuvrer de concert et en coopération avec les institutions sous-régionales dans la recherche de la paix et demande à son président d'entrer en contact avec le Secrétaire général de l'OUA afin d'établir une coopération concrète avec le Comité.

47. Le Comité sollicite l'assistance de l'OUA pour la mise en oeuvre de son plan d'action dans la mesure de ses moyens.

Au plan de la défense et de la sécurité

48. Comme cela avait été demandé par les chefs d'État et de gouvernement des pays membres du Comité, le Comité invite à nouveau les ministres de la défense et de l'intérieur de ses pays membres à se rencontrer en décembre 1997, au plus tard, pour élaborer un programme concret de lutte contre la circulation illicite des armes et des drogues dans la sous-région. Les États membres sont invités à faire parvenir au Président du Bureau, avant fin septembre 1997, leurs suggestions pour lui permettre d'apprêter un projet de programme qui sera examiné lors de cette réunion.

49. Le Comité donne mandat à son président de solliciter l'assistance et la coopération du Secrétaire général des Nations Unies, du PNUD, de la Banque mondiale, de l'Union européenne, et de toute autre organisation afin d'aider les pays intéressés de la sous-région à mettre en place des programmes de démobilisation, de réformation et de réinsertion dans la vie civile des milices et des ex-combattants.

50. En s'appuyant sur l'expérience acquise lors du séminaire de formation aux opérations de paix organisé par le Comité à Yaoundé en septembre 1996, le Comité invite les ministres de la défense à définir les modalités de renforcement des capacités de la sous-région en matière de maintien de la paix. À cet égard, le Comité donne mandat à son président de solliciter l'appui du Secrétaire général de l'ONU afin d'organiser d'autres séminaires de formation des personnels de la sous-région dans les opérations de paix.

51. Le Comité réitère ainsi l'importance d'accélérer la création au sein des forces armées des pays membres des unités de maintien de la paix.

52. Pour mieux préparer concrètement les pays de la sous-région à participer effectivement aux futures opérations de maintien de la paix, le Comité souligne l'importance d'organiser des exercices militaires conjoints de simulation d'opérations types de maintien de la paix. À cet effet, le Comité invite son président à faire des propositions avant la fin octobre 1997 sur les modalités de l'organisation desdits exercices en mars 1998.

53. Le Comité donne mandat à son président de faire appel à l'assistance du Secrétaire général des Nations Unies, à l'Organisation des Nations Unies pour l'éducation, la science et la culture (UNESCO), à l'Union européenne, à l'ACCT et au reste de la communauté internationale pour aider à l'organisation des séminaires de sensibilisation à l'intention des forces armées et des forces de sécurité sur le respect de l'État de droit et le rôle de l'armée dans un contexte démocratique.

54. Estimant que l'organisation de manifestations sportives entre les armées des États de la sous-région est de nature à améliorer la fraternité d'armes et à promouvoir la confiance mutuelle entre

États, le Comité prie le Conseil supérieur du sport en Afrique (CSSA) et l'Organisation du sport militaire en Afrique (OSMA) à examiner la possibilité de relancer l'organisation des compétitions sportives militaires en Afrique centrale.

V. ÉCHANGE DE VUES SUR UNE MEILLEURE COOPÉRATION POUR LA PRÉVENTION ET LA GESTION DES CONFLITS EN AFRIQUE CENTRALE : QUEL RÔLE POUR LES PAYS MEMBRES PERMANENTS DU CONSEIL DE SÉCURITÉ?

55.   Les représentants de la Chine, de la France, des États-Unis d'Amérique et de la Fédération de Russie ont, sur invitation du Gouvernement gabonais, pris part aux travaux du Comité. Le Royaume-Uni de Grande-Bretagne et d'Irlande du Nord était empêché.

56.   Lors de l'échange de vues, les membres permanents ont unanimement reconnu l'importance des travaux du Comité et confirmé l'engagement pris à Denver lors du sommet du G-8 en vue d'aider les pays africains et notamment d'Afrique centrale, à renforcer leurs capacités dans le domaine du maintien de la paix et de la prévention des conflits. Ils ont reconnu l'importance cruciale de mettre en place des structures et initiatives visant à éviter l'éclatement des conflits armés.

57.   Dans ce contexte, le représentant de la France a informé le Comité sur l'initiative conjointe que son pays, les États-Unis d'Amérique et le Royaume-Uni mènent en vue de renforcer les capacités africaines dans le maintien de la paix.

58.   Le représentant des États-Unis d'Amérique a, à son tour, informé le Comité sur les programmes que son pays mène seul ou en collaboration avec ses partenaires, pour contribuer au renforcement des capacités africaines dans les activités de prévention, de règlement de conflits et de maintien de la paix. Il a énuméré un certain nombre de conditions préalables au déploiement par le Conseil de sécurité d'une opération de paix. Il a, entre autres, insisté sur la nécessité d'un cessez-le-feu effectif avant qu'une décision soit prise pour le déploiement d'une opération de maintien de la paix.

59.   Le représentant de la Chine, tout en regrettant la persistance des conflits en Afrique qui occasionnent des pertes en vies humaines et provoquent d'importants dégâts matériels, a réaffirmé le soutien de son pays pour les efforts menés par les pays d'Afrique centrale en vue du règlement pacifique de leurs différends. Il a enfin souligné que son pays examinera avec la plus grande attention le plan d'action adopté par le Comité lors de la présente réunion.

60.   Le représentant de la Fédération de Russie a relevé la nécessité de promouvoir les activités de maintien de la paix et de créer un système plus sûr de détection et de prévention de crises.

61.   Le représentant du PNUD a indiqué que son organisme soutient l'initiative de créer un Mécanisme d'alerte rapide en Afrique centrale. Il a, à cet effet, informé le Comité que le Bureau régional pour l'Afrique ainsi que le Département d'intervention rapide au siège du PNUD procèdent à l'examen du projet de financement du mécanisme qui leur a été soumis par le secrétariat du Comité à la demande du Bureau.

62.   Le Comité, tout en reconnaissant la responsabilité première de ses membres dans le maintien de la paix dans leurs pays, sollicite l'assistance des membres du Conseil de sécurité pour la mise en oeuvre de son plan d'action pour la paix et la stabilité en Afrique centrale.

RECOMMANDATIONS

63.   Le Comité, ayant souligné le rôle

déterminant joué par la Mission interafricaine de surveillance des Accords de Bangui dans le règlement de la crise centrafricaine, demande à son président de saisir l'Assemblée générale, le Conseil de sécurité et le Secrétaire général des Nations Unies aux fins de solliciter leur assistance à la Mission et lui permettre la pleine application des Accords de paix de Bangui.

64.   En vue de renforcer les activités du Comité et de lui permettre de mieux répondre au besoin de la sous-région de promouvoir les initiatives visant à prévenir et à aider au règlement des conflits en Afrique centrale, le Comité demande à son président d'exprimer au Secrétaire général de l'ONU son ferme désir de voir rétablir les deux réunions annuelles du Comité au niveau ministériel.

65.   Tout en remerciant les pays qui ont contribué au Fonds d'affectation spéciale des Nations Unies établi par le Secrétaire général pour financer la mise en oeuvre du programme d'activités du Comité, le Comité lance à nouveau un appel à tous les États et à la communauté internationale pour continuer à contribuer généreusement audit Fonds.

S/RES/955

Résolution du Conseil de Sécurité etablissant le Tribunal Criminel International pour le Rwanda

Le Conseil de sécurité,

Réaffirmant toutes ses résolutions antérieures sur la situation au Rwanda,

Ayant examiné les rapports que le Secrétaire général lui a présentés conformément au paragraphe 3 de sa résolution 935 (1994) du 1er juillet 1994

(S/1994/879 et S/1994/906), et ayant pris acte des rapports du Rapporteur spécial pour le Rwanda de la Commission des droits de l'homme des Nations Unies (S/1994/1157, annexe I et annexe II),

Saluant le travail accompli par la Commission d'experts créée en vertu de sa résolution 935 (1994), en particulier son rapport préliminaire sur les violations du droit international humanitaire au Rwanda que le Secrétaire général lui a transmis dans sa lettre du 1er octobre 1994 (S/1994/1125),

Se déclarant de nouveau gravement alarmé par les informations selon lesquelles des actes de génocide et d'autres violations flagrantes, généralisées et systématiques du droit international humanitaire ont été commises au Rwanda,

Constatant que cette situation continue de faire peser une menace sur la paix et la sécurité internationales,

Résolu à mettre fin à de tels crimes et à prendre des mesures efficaces pour que les personnes qui en sont responsables soient traduites en justice,

Convaincu que, dans les circonstances particulières qui règnent au Rwanda, des poursuites contre les personnes présumées responsables d'actes de génocide ou d'autres violations graves du droit international humanitaire permettraient d'atteindre cet objectif et contribueraient au processus de réconciliation nationale ainsi qu'au rétablissement et au maintien de la paix,

Estimant que la création d'un tribunal international pour juger les personnes présumées responsables de tels actes ou violations contribuera à les faire cesser et à en réparer dûment les effets,

Soulignant qu'une coopération internationale est nécessaire pour renforcer les tribunaux et l'appareil judiciaire rwandais, notamment en raison du grand nombre de suspects qui seront déférés devant ces tribunaux,

Considérant que la Commission d'experts créée en vertu de la résolution 935 (1994) devrait continuer à rassembler de toute urgence des informations tendant à prouver que des violations graves du droit international humanitaire ont été commises sur le territoire du Rwanda, et qu'elle devrait présenter son rapport final au Secrétaire général le 30 novembre 1994 au plus tard,

Agissant en vertu du Chapitre VII de la Charte des Nations Unies,

1. Décide par la présente résolution, comme suite à la demande qu'il a reçue du Gouvernement rwandais (S/1994/1115), de créer un tribunal international chargé uniquement de juger les personnes présumées responsables d'actes de génocide ou d'autres violations graves du droit international humanitaire commis sur le territoire du Rwanda et les citoyens rwandais présumés responsables de tels actes ou violations commis sur le territoire d'États voisins, entre le 1er janvier et le 31 décembre 1994, et d'adopter à cette fin le Statut du Tribunal criminel international pour le Rwanda annexé à la présente résolution;

2. Décide que tous les États apporteront leur pleine coopération au Tribunal international et à ses organes, conformément à la présente résolution et au Statut du Tribunal international, et qu'ils prendront toutes mesures nécessaires en vertu de leur droit interne pour mettre en application les dispositions de la présente résolution et du Statut, y compris l'obligation faite aux États de donner suite aux demandes d'assistance ou aux ordonnances émanant d'une Chambre de première instance, conformément à l'article 28 du Statut, et prie les États de tenir le Secrétaire général informé des mesures qu'ils prendront;

3. Considère qu'une notification devrait être adressée au Gouvernement rwandais avant que des décisions ne soient prises en vertu des articles 26 et 27 du Statut;

4. Prie instamment les États ainsi que les organisations intergouvernementales et non gouvernementales d'apporter au Tribunal international des contributions sous forme de ressources financières, d'équipements et de services, y compris des services d'experts;

5. Prie le Secrétaire général de mettre en oeuvre d'urgence la présente résolution et de prendre en particulier des dispositions pratiques pour que le Tribunal international puisse fonctionner effectivement le plus tôt possible, notamment de lui soumettre des recommandations quant aux lieux où le siège du Tribunal international pourrait être établi, et de lui présenter des rapports périodiques;

6. Décide qu'il choisira le siège du Tribunal international en fonction de critères de justice et d'équité ainsi que d'économie et d'efficacité administrative, notamment des possibilités d'accès aux témoins, sous réserve que l'Organisation des Nations Unies et l'État où le Tribunal aura son siège concluent des arrangements appropriés qui soient acceptables pour le Conseil de sécurité, étant entendu que le Tribunal international pourra se réunir ailleurs quand il le jugera nécessaire pour l'exercice efficace de ses fonctions; et décide d'établir un bureau au Rwanda et d'y conduire des procédures, si cela est possible et approprié, sous réserve de la conclusion d'arrangements adéquats analogues;

7. Décide d'envisager d'augmenter le nombre de juges et de chambres de première instance du Tribunal international si cela s'avère nécessaire;

8. **Décide** de rester activement saisi de la question.

3453e séance
8 novembre 1994

A/50/474, annex II

TYPOLOGIE DES SOURCES DE CONFLIT DANS LA SOUS-RÉGION D'AFRIQUE CENTRALE

(adopté au cours de la sixième réunion ministerielle du Comité Consultatif Permanent des Nations Unies à Brazzaville, mars 1995)

À la lumière de l'expérience récente des pays de la sous-région d'Afrique centrale, plusieurs sources de tension, de crise et de conflit ont été identifiées, notamment aux plans interne, interétatique et extra sous-régional.

I. Les sources de conflits internes

Sur le plan interne les principales sources de conflit sont les suivantes :

a) L'exacerbation des particularismes ethnique, culturel, religieux et politique;

b) La prolifération des armes au sein des populations, comme facteur générateur du banditisme et du terrorisme;

c) L'apprentissage et la gestion de la démocratie et le non-respect des droits des minorités;

d) Les velléités de sécession;

e) Les coups d'État;

f) Les mouvements d'opposition armée;

g) Les guerres civiles généralisées;

h) Les catastrophes de grande ampleur;

i) La pauvreté;

j) Les injustices sociales.

II. Les sources de conflit interétatiques

Sur le plan interétatique, elles sont principalement les suivantes :

a) Les problèmes frontaliers, notamment ceux relatifs à la délimitation des frontières et au voisinage;

b) Les problèmes de réfugiés, des personnes déplacées et d'immigration clandestine;

c) La volonté de puissance.

III. Les sources de conflit extra sous-régionales

Il s'agit entre autres :

a) Des agressions de toutes sortes menées par des États tiers;

b) Des ingérences de toutes sortes menées par des États tiers;

c) De la posture des forces;

d) De la volonté de puissance.

Communiqués de presse des Nations Unies
relatifs au Comité consultatif permanent
des Nations Unies sur les questions de sécurité en Afrique centrale

SG/A/496 - 28 mai 1992

LE SECRETAIRE GENERAL ANNONCE LA CREATION D'UN COMITE CONSULTATIF PERMANENT SUR LES QUESTIONS DE SECURITE EN AFRIQUE CENTRALE

Le Secrétaire général, M. Boutros Boutros-Ghali, a annoncé aujourd'hui la création d'un Comité consultatif permanent sur les questions de sécurité en Afrique centrale, conformément à la résolution 46/37 B de l'Assemblée générale, intitulée "Mesures de confiance à l'échelon régional" et adoptée par consensus le 6 décembre 1991. Dans cette résolution, l'Assemblée générale accueillait avec satisfaction l'initiative prise par les pays membres de la Communauté économique des Etats d'Afrique centrale, de créer sous les auspices des Nations Unies, un Comité consultatif permanent sur les questions de sécurité en Afrique centrale et priait le Secrétaire général de constituer un tel Comité.

Ce Comité devra développer les mesures de confiance et promouvoir la limitation des armements et le développement dans la sous-région d'Afrique centrale. Le Comité regroupera les 10 Etats membres de la Communauté économique des Etats d'Afrique centrale : Burundi, Cameroun, Congo, Gabon, Guinee équatoriale, République centrafricaine, Rwanda, São Tomé et Principe, Tchad et Zaïre. Les discussions au sein du Comité devraient se tenir a différents niveaux, y compris dans le cadre de réunions d'experts, officiers supérieurs de l'armée et autorités civiles, de réunions ministérielles et d'entretiens entre les Chefs d'Etat concernés au cours de leurs rencontres annuelles au sein de la Communauté économique des Etats d'Afrique centrale.

Le Comité tiendra sous peu sa réunion d'organisation à Yaoundé, au Cameroun. La réunion devrait avoir lieu au niveau ministériel. M. Sammy Buo du Bureau des affaires de désarmement du Département des affaires politiques, a eté nommé Secrétaire du Comité consultatif permanent.

DC/2444 - 2 août 1993

LE COMITE CONSULTATIF PERMANENT SUR LES QUESTIONS DE SECURITE EN AFRIQUE CENTRALE SE REUNIRA DU 30 A0UT AU 3 SEPTEMBRE A LIBREVILLE AU GABON

New York, 1er août (Bureau des Affaires de désarmement) - - Le Comité consultatif permanent sur les questions de sécurité en Afrique centrale tiendra la seconde de ses deux réunions de 1993, au niveau ministériel, du 30 août au 3 septembre à Libreville au Gabon. Le Comité s'est réuni la dernière fois, également au niveau ministériel, à Bujumbura au Burundi du 8 au 12 mars 1993.

Le Secrétaire général, Boutros Boutros-Ghali a annoncé la création du Comité le 28 mai 1992, conformément à la résolution 46/37B de l'Assemblée générale intitulée, "Mesures de confiance à l'échelon régional", adoptée par consensus le 6 décembre 1991. Dans cette résolution, l'Assemblée a accueilli avec satisfaction l'initiative prise par les pays membres de la Communauté économique des Etats d'Afrique centrale de créer, sous les auspices des Nations Unies, un Comité consultatif permanent sur les questions de sécurité en Afrique centrale et a demandé au Secrétaire général de mettre en place ce Comité. Le Comité a tenu sa réunion d'organisation à Yaoundé au Cameroun du 27 au 31 juillet 1992 et a adopté un programme de travail qui a été par la suite approuvé par l'Assemblée générale dans sa résolution 47/53F du 15 décembre 1992.

L'objectif du Comité est de développer les mesures de confiance, la limitation des armements et le développement dans la sous-région. Des discussions au sein du Comité ont lieu à différents niveaux, y compris lors de réunions d'experts (au niveau de militaires de haut rang et de fonctionnaires), de réunions ministérielles et de discussions entre les chefs d'Etat concernés durant leurs réunions annuelles dans le cadre de la Communauté économique des Etats d'Afrique centrale.

Certaines des questions qui seront discutées lors de la prochaine réunion de Libreville ont été identifiées par le Comité comme étant prioritaires pour la sous-région. Il s'agit notamment de l'élaboration d'un Pacte de Non Agression entre les Etats Membres, de la formulation de mesures spécifiques pour promouvoir une réduction équilibrée et progressive des forces armées, des armements et des budgets militaires des Etats concernés, ainsi que de l'examen de mesures et de mécanismes spécifiques de gestion des crises et de maintien de la paix dans la sous-région. La réunion passera aussi en revue l'évolution récente de la situation en matière de géopolitique et de sécurité dans la sous-région, dont les situations en Angola, au Rwanda et au Zaïre, qui ont attiré l'attention internationale et impliqué à différents niveaux les Nations Unies. Au cours de sa dernière réunion, à Bujumbura en mars de cette année, le Comité a également demandé à ceux de ses membres qui ne l'avaient pas encore fait d'adhérer aux accords internationaux existants en matière de désarmement et de limitation des armements.

Le Bureau des affaires de désarmement fournit les services de secrétariat au Comité, conformément aux résolutions de l'Assemblée générale. M. Sammy Kum Buo, fonctionnaire du Bureau, est Secrétaire du Comité. Le Secrétaire général doit présenter un rapport sur les travaux du Comité en 1993, à la 48ème session de l'Assemblée générale, plus tard dans l'année.

Le Comité se compose des 11 Etats Membres de la Communauté économique des Etats d'Afrique centrale, à savoir l'Angola, le Burundi, le Cameroun, le Congo, le Gabon, la Guinée Equatoriale, la République Centrafricaine, le Rwanda, São Tomé et Principe, le Tchad et le Zaïre. Le Bureau du Comité est actuellement composé de la façon suivante : Président: Burundi; premier Vice-Président: Gabon; Second Vice-Président: Congo; Rapporteur: Tchad.

DC/2446 - 7 octobre 1993

LES ETATS DE LA SOUS-REGION DE L'AFRIQUE CENTRALE ADOPTENT UN PACTE DE NON AGRESSION

NEW YORK, 7 octobre (Bureau des affaires de désarmement) - - Un Pacte de Non Agression entre les 11 Etats membres de la Communauté économique des Etats d'Afrique centrale (CEEAC) a été adopté à l'unanimité, au cours de la réunion ministérielle du Comité consultatif permanent sur les questions de sécurité en Afrique centrale, tenue à Libreville au Gabon.

Le Comité a été créé par le Secrétaire général le 28 mai 1992, en réponse à la décision prise par l'Assemblée générale le 6 décembre 1991, dans la résolution 46/37 B.

Dans les paragraphes principaux du pacte, les 11 membres du Comité (Angola,

Burundi, Cameroun, Congo, Gabon, Guinée équatoriale, République centrafricaine, Rwanda, São Tomé et Principe, Tchad et Zaïre) s'engagent à ne pas recourir à la force ou à la menace de la force dans les relations inter-etatiques, et à respecter l'intégrité territoriale et l'indépendance des autres Etats membres en accord avec les Chartes des Nations Unies et de l'Organisation de l'Unité Africaine (OUA). Chaque Etat membre s'engage également à ne pas commettre, encourager ou soutenir des actes hostiles ou des agressions contre l'intégrité territoriale et l'indépendance des autres Etats membres, et à empêcher les étrangers se trouvant sur son territoire de commettre de tels actes. Si des divergences devaient naître parmi les Etats membres, le pacte prévoit des recours devant les mécanismes appropriés de la CEEAC, de l'OUA et des Nations Unies, selon le cas.

Le pacte entrera en vigueur lorsqu'il aura été ratifié par 7 de ses 11 membres.

La réunion de Libreville autorise également le Bureau du Comité à jouer un rôle politique plus actif dans les crises de la sous-région et à engager des missions de solidarité en faveur des pays de la sous-région qui se sont trouvés en conflit, pour exprimer l'appui du Comité à une solution pacifique et rapide du conflit.

Le Comité s'est également mis d'accord pour que ses Etats membres envisagent les voies et moyens de parvenir à une réduction de leurs forces armées et de leur budgets et équipements militaires. Il a décidé que les Etats membres devraient fournir des renseignements appropriés sur leurs dépenses et acquisitions militaires au Registre des Nations Unies sur les armes conventionnelles, et devraient signer et/ou ratifier les accords multilatéraux de réglementation des armements et de désarmement d'ici 18 mois.

Les 11 Etats membres se sont par ailleurs mis d'accord pour poursuivre et renforcer le processus de démocratisation dans leur pays respectif et pour respecter les droits de l'homme afin d'assurer la paix, la stabilité et le développement dans la sous-région.

Au cours de la cérémonie d'ouverture de la réunion ministérielle, le Représentant spécial du Secrétaire général, M. Hassen Fodha, a fait observer que le Comité était un instrument très prometteur pour l'établissement de la confiance, de la sécurité et de la stabilité dans la sous-région.

Pendant la réunion, le Comité a élu un nouveau Bureau qui est le suivant: Président: Gabon; Vice-Président: Congo; deuxième Vice-Président: Angola; Rapporteur: Zaïre.

La prochaine réunion ministérielle du Comité doit se tenir dans six mois à Brazzaville au Congo.

DC/2460 - 28 mars 1994

LE COMITE CONSULTATIF PERMANENT SUR LES QUESTIONS DE SECURITE EN AFRIQUE CENTRALE SE REUNIRA A YAOUNDE AU CAMEROUN DU 4 AU 8 AVRIL PROCHAIN

NEW YORK, 28 mars (Centre pour les affaires de désarmement) -- Le Comité consultatif permanent sur les questions de sécurité en Afrique centrale tiendra sa quatrième réunion ministérielle du 4 au 8 avril prochain, à Yaoundé, au Cameroun.

La précédente session ministérielle du Comité avait eu lieu en septembre 1993, à Libreville, au Gabon. Le Comité avait adopté à l'unanimité un Pacte de Non Agression entre ses onze Etats membres, à savoir, l'Angola, le Burundi, Le Cameroun, le Congo, le Gabon, la Guinée équatoriale, la République Centrafricaine, le Rwanda, São Tomé et Principe, le Tchad et le Zaïre.

Il avait autorisé son Bureau à jouer un rôle politique plus actif dans la résolution des conflits dans la sous-région.

Depuis la dernière réunion du Comité, les situations de crise ont persisté dans de nombreux pays, et en particulier en Angola, au Burundi, au Congo, au Rwanda et au Zaïre. A sa prochaine réunion, le Comité devrait examiner la situation en termes de géopolitique et de sécurité en Afrique centrale, et notamment les voies et moyens de résoudre pacifiquement les conflits dans la sous-région, et procéder à un échange de vues sur la défense collective sous-régionale, les mesures de confiance et la diplomatie préventive. Le Comité devrait également continuer d'examiner la création d'un bureau permanent inter-Etats pour la gestion des crises et le maintien de la paix dans la sous-région de l'Afrique centrale.

L'établissement du Comité avait été annoncé le 28 mai 1992 par le Secrétaire général, M. Boutros Boutros-Ghali, conformément à la résolution 46/37 B de l'Assemblée générale du 6 décembre 1991. Par cette résolution, l'Assemblée avait accueilli avec satisfaction l'initiative prise par les pays membres de la communauté économique des Etats d'Afrique centrale de créer, sous les auspices des Nations Unies, un Comité consultatif permanent sur les questions de sécurité en Afrique centrale et avait demandé au Secrétaire général de mettre sur pied ce Comité.

L'objectif du Comité est de développer les mesures de confiance, le désarmement et de créer les conditions favorables à un réel développement économique dans la sous-région. Le Comité se réunit au niveau des Ministres de la défense et des affaires étrangères, qui sont assistés par des experts tels que des militaires ou des fonctionnaires civils de haut rang. Les discussions ont également lieu au niveau des Chefs d'Etat durant les réunions au Sommet de la Communauté économique des Etats d'Afrique centrale.

Le Bureau du Comité est actuellement composé de la manière suivante: le Ministre de la défense et de la sécurité du Gabon est Président du Comité. Les Ministres des affaires étrangères du Congo et de l'Angola sont respectivement premier et second Vice-Présidents. Le Zaïre détient le poste de Rapporteur général. M. Sammy Kum Buo, spécialiste hors classe des questions politiques du Centre pour les affaires de désarmement du Secrétariat des Nations Unies, est le Secrétaire du Comité.

DC/2490 - 14 mars 1995

LE COMITE CONSULTATIF PERMANENT SUR LES QUESTIONS DE SECURITE EN AFRIQUE CENTRALE TIENDRA SA SIXIEME REUNION MINISTERIELLE A BRAZZAVILLE, 20-24 MARS 1995

NEW YORK, 14 mars (Département des affaires politiques) -- Les onze membres du Comité consultatif permanent des Nations Unies sur les questions de sécurité en Afrique centrale tiendront leur sixième réunion ministérielle à Brazzaville au Congo, du 20 au 24 mars prochain.

La création du Comité consultatif permanent avait été décidée par le Secrétaire général, M. Boutros Boutros-Ghali, le 28 mai 1992, en réponse à la résolution 46/37 B de l'Assemblée générale, intitulée "Mesures de confiance à l'échelon régional". L'objectif du Comité est de prévenir l'éclatement et l'escalade dans les crises et conflits dans la sous-région, en encourageant le recours à des mesures de confiance, de limitation des armements et de désarmement. Composé de l'Angola, du Burundi, du Cameroun, du Congo, du Gabon, de la Guinée Equatoriale, de la République Centrafricaine, du Rwanda, de São Tomé et Principe, du Tchad et du Zaïre, le Comité se réunit à divers niveaux, y compris dans le cadre de réunions d'experts, d'officiers supérieurs de l'armée et d'autorités civiles, au niveau des Ministres de la défense ou des affaires étrangères, ou dans le cadre d'entretiens entre les chefs d'Etat. Les services de conférence sont assurés par le Centre pour les affaires de désarmement du Département des affaires politiques de l'ONU.

Lors de la cinquième réunion qui s'est tenue en septembre dernier à Yaoundé au Cameroun, les Etats Membres du Comité ont paraphé un Pacte de Non Agression interne qui avait été adopté antérieurement par la 3ème réunion ministérielle en septembre 1993, à Libreville au Gabon. A Libreville, le Comité a commencé à examiner la typologie des crises et conflits dans la sous-région ainsi qu'à élaborer un protocole d'assistance mutuelle en matière de défense entre les Etats Membres. Les Membres ont également convenu de désigner des unités spécialisées au sein de leurs armées respectives, en vue de leur déploiement éventuel dans le cadre d'opérations de maintien de la paix des Nations Unies, de l'Organisation de l'Unité Africaine (OUA) ou d'autres opérations dans la sous-région.

Les Etats Membres du Comité attendent de la prochaine réunion de Brazzaville qu'elle offre une occasion de commémorer le Cinquantième Anniversaire des Nations Unies au niveau de la sous-région, en mettant en exergue le rôle de l'Organisation et les efforts qu'elle déploie actuellement pour maintenir la paix et la sécurité en Afrique centrale. Par conséquent, l'ordre du jour de la réunion comporte, entre autres, une évaluation de la situation géopolitique et sécuritaire dans la sous-région, l'accent étant mis sur les efforts concrets de règlement des conflits en Angola, au Burundi et au Rwanda ainsi que sur les voies et moyens de renforcer la coopération inter-Etats et sous-régionale en vue de répondre à la situation créée par la crise des réfugiés et les problèmes de sécurité.

Au cours d'une table ronde, des experts africains et internationaux éminents devraient mettre l'accent sur la contribution des médias, le rôle des puissances extérieures et du Conseil de sécurité, en faveur du règlement pacifique des crises en Afrique centrale. Les Etats Membres devraient entre autres poursuivre leurs consultations liées à la consolidation des termes du Pacte de Non Agression conclu entre les Membres et qui devra être signé plus tard dans l'année par les chefs d'Etat.

La réunion ministérielle de Brazzaville, qui comptera des Ministres de la défense et des affaires étrangères de la sous-région, sera ouverte le 23 mars, par le Premier Ministre congolais, M. Yombi Opango. Elle sera précédée auparavant par une session de haut niveau de trois jours réunissant des experts. Le Secrétaire général de l'ONU devrait être représenté.

Evoquant récemment le rôle du Comité consultatif sur les questions de sécurité en Afrique centrale, le Secrétaire général, M. Boutros Boutros-Ghali, a souligné que l'engagement pris par les Etats de la sous-région de renoncer à l'usage de la force, comme option politique dans le cadre de leurs relations, et de rechercher, au moyen de mesures constructives et pratiques à renforcer la confiance et la coopération entre Etats représentait une évolution importante dans le cadre de l' inlassable quête pour une paix et une sécurité durables. Ces efforts, a souligné le Secrétaire général, requièrent l'appui et l'encouragement de la communauté internationale. L'histoire récente de la sous-région a été marquée par des troubles politiques et une recrudescence des conflits armés en Angola, au Burundi, au Tchad, au Congo au Rwanda et au Zaïre.

Le Bureau du Comité est le suivant: le Cameroun assure la Présidence, le Congo et l'Angola sont respectivement premier et second Vice-Président et le Zaïre occupe le poste de Rapporteur. Conformément à la pratique établie, le Comité devrait élire un nouveau Bureau pour un mandat d'un an. M. Sammy Kum Buo, Spécialiste hors classe des questions politiques au Centre pour les affaires de désarmement, est le Secrétaire du Comité.

SG/SM/5942 - 29 mars 1996

LE SECRETAIRE GENERAL ANNONCE LA CREATION D'UN FONDS D'AFFECTATION POUR PROMOUVOIR LES MESURES DE LA CONFIANCE EN AFRIQUE CENTRALE

Le Secrétaire général a annoncé l'établissement d'un fonds d'affectation spéciale pour financer des activités visant à promouvoir des mesures de confiance et de prévention des conflits armés dans l'une des sous-régions les plus instables de l'Afrique.

Connu sous le nom de Fonds d'affectation spéciale du Comité consultatif permanent sur les questions de sécurité en Afrique centrale, ce fonds a été établi à la demande de l'Assemblée générale, conformément à la résolution 50/71B du 12 décembre 1995, pour rassembler, sur une base volontaire, des ressources additionnelles en vue de la mise en oeuvre du programme de travail du Comité.

Le Comité consultatif permanent sur les questions de sécurité en Afrique centrale a été créé par le Secrétaire général en mai 1992 en réponse à la résolution 46/37B du 6 décembre 1991 votée par l'Assemblée générale. Son objectif est de promouvoir les mesures de confiance, la réduction des stocks d'armes et le désarmement dans la sous-région. Le Comité est composé des onze membres suivants : Angola, Burundi, Cameroun, Congo, Gabon, Guinée Equatoriale, République Centrafricaine, Rwanda, São Tomé et Principe, Tchad et Zaïre.

Les membres du Comité ont décidé d'établir des unités spécialisées dans les opérations de la paix au sein de leurs forces armées respectives et de participer à des opérations de paix des Nations Unies ou de l'Organisation des l'Unité Africaine (OUA). L'Assemblée générale s'est félicitée de cette décision et a lancé un appel à la mobilisation de contributions volontaires pour financer les programmes de formation des unités de paix.

Le Fonds d'affectation spéciale servira également à soutenir les efforts déployés par le Comité pour contrôler le transfert illicite et la prolifération des armes de faible calibre dans la sous-région; promouvoir la réduction des armes et la transparence des acquisitions militaires grâce à l'établissement d'un registre sous-régional d'armements conventionnels; renforcer la coopération entre Etats sur les questions de sécurité et contribuer à la résolution pacifique des conflits existants dans la sous-région, en particulier en Angola, et dans les pays de la région des Grands Lacs.

Les Ministres de la défense ou des affaires étrangères des onze Etats Membres du Comité doivent se rencontrer à Yaoundé au Cameroun, les 18 et 19 avril prochains, pour passer en revue la situation géopolitique et la sécurité dans la sous-région et pour préparer une conférence au sommet qui rassemblera leurs Chefs d'Etat et de Gouvernement et qui devrait, elle aussi, avoir lieu à Yaoundé, en juillet 1996. La signature officielle du Pacte de Non Agression, visant à prévenir les conflits entre Etats et à contribuer au renforcement de la confiance dans la sous-région sera au centre de l'ordre du jour de cette réunion au sommet.

Le Secrétaire du Comité est M. Sammy Kum Buo, un Spécialiste hors classe des questions politiques du Centre pour les affaires de désarmement du Département des affaires politiques.

SG/SM/6159 - 14 février 1997

LE SECRETAIRE GENERAL RENCONTRE LE MINISTRE DES AFFAIRES ETRANGERES DU CONGO, PRESIDENT DU COMITE CONSULTATIF PERMANENT SUR LES QUESTIONS DE SECURITE EN AFRIQUE CENTRALE

La déclaration suivante a été communiquée par le porte-parole du Secrétaire général, M. Kofi Annan :

Le Secrétaire général a rencontré le 12 février M. Destin-Arsène Tsaty-Boungou, le Ministre des affaires étrangères du Congo, Président en exercice du Comité consultatif permanent sur les questions de sécurité en Afrique centrale, créé par l'Assemblée générale il y a deux ans. Ils ont procédé à l'évaluation du travail du Comité pour ce qui est de la situation dans la région des Grands Lacs, ainsi que des diverses initiatives entreprises par les Etats Membres dans ce contexte.

Le Secrétaire général et le Président en exercice ont convenu de la nécessité de maintenir l'élan dans la recherche de la paix dans la région et d'organiser une conférence sous-régionale sur les institutions démocratiques et la paix en Afrique centrale, à Brazzaville du 30 mars au 3 avril 1997 et à laquelle seraient invités les dirigeants politiques, les membres de l'opposition et les représentants de la société civile des pays de la région. Ils ont appelé la communauté internationale à aider à faire de la conférence un succès. Ils ont discuté de la situation au Zaïre et des diverses initiatives de paix prises à ce sujet ainsi que de la situation au Burundi. Enfin, le Ministre des affaires étrangères a parlé des prochaines élections présidentielles dans son pays, qui doivent avoir lieu au mois d'août 1997.

"J'ai récemment pris des mesures afin de renforcer les structures du Tribunal international pour le Rwanda et de permettre ainsi de mener devant la justice les responsables du génocide et autres crimes perpétrés durant le tragique conflit qu'a connu ce pays en 1994.

Il faut en finir avec l'impunité pour que les injustices d'hier ne deviennent pas les problèmes de demain.

Les nombreux efforts de paix entrepris ne sauraient aboutir sans la volonté politique indéfectible des Etats centrafricains eux-mêmes."

Kofi A. Annan
Secrétaire général des Nations Unies
7 juillet 1997

Résolutions du Conseil de sécurité des Nations Unies
établissant des missions d'opérations de maintien de la paix et autres missions de paix des Nations Unies en Afrique centrale

S/RES/143 (ONUC)

Le Conseil de sécurité,

Considérant le rapport du Secrétaire général 1/ sur la demande pour une action des Nations Unies concernant la République du Congo,

Considérant la demande d'assistance militaire adressée au Secrétaire général par le Président et le Premier Ministre de la République du Congo (S/4382),

1. Fait appel au Gouvernement belge pour qu'il retire ses troupes du territoire de la République du Congo;

2. Décide d'autoriser le Secrétaire général à prendre, en consultation avec le Gouvernement de la République du Congo, les mesures nécessaires en vue de fournir à ce gouvernement l'assistance militaire dont il a besoin, et ce jusqu'au moment où les forces nationales de sécurité, grâce aux efforts du Gouvernement congolais et avec l'assistance technique de l'Organisation des Nations Unies, seront à même, de l'opinion de ce gouvernement, de remplir entièrement leurs tâches;

3. Prie le Secrétaire général de faire rapport au Conseil de sécurité lorsqu'il y aura lieu.

873e séance
14 juillet 1960

1/ *Documents officiels du Conseil de sécurité, quinzième année, 873e séance, par. 18 à 29.*

S/RES/626 (UNAVEM I)

Le Conseil de sécurité,

Notant que l'Angola et Cuba ont décidé de conclure, le 22 décembre 1988, un accord bilatéral prévoyant le repli vers le nord et le retrait graduel et total des forces cubaines d'Angola, selon le calendrier convenu,

Considérant la demande présentée au Secrétaire général par l'Angola et Cuba dans des lettres en date du 17 décembre l988 (S/20336 et S/20337),

Ayant examiné le rapport du Secrétaire général en date du 17 décembre l988 (S/20338),

1. Approuve le rapport du Secrétaire général et les recommandations qu'il contient;

2. Décide de constituer sous son autorité une mission de vérification des Nations Unies en Angola et prie le Secrétaire général de prendre les mesures nécessaires à cet effet, conformément à son rapport susmentionné;

3. Décide égalernent que la Mission sera constituée pour une période de trente et un mois;

4. Décide en outre que les arrangements concernant la constitution de la Mission entreront en vigueur dès que l'accord tripartite entre l'Angola, Cuba et l'Afrique du Sud, d'une part, et l'accord bilatéral entre l'Angola et Cuba, d'autre part, auront Été signés;

5. Prie le Secrétaire général de faire rapport au Conseil de sécurité immédiatement après la signature des accords visés au paragraphe 4 et de tenir le Conseil pleinement informé de tout fait nouveau.

2834e séance
20 décembre 1988

S/RES/696 (UNAVEM II)

Le Conseil de sécurité,

Accueillant avec satisfaction la décision du Gouvernement de la République populaire d'Angola et de l'Union nationale pour l'indépendance totale de l'Angola de conclure les Accords de paix concernant l'Angola

Soulignant l'importance qu'il attache à la signature des Accords de paix et à l'exécution par les parties, de bonne foi, des obligations qui y sont inscrites,

Soulignant également qu'il importe que tous les Etats s'abstiennent de toute action qui risquerait de compromettre les accords susmentionnés et concourent à leur application tout en respectant pleinement l'indépendance, la souveraineté et l'intégrité territoriale de l'Angola,

Notant avec satisfaction la décision prise par le Gouvernement de la République populaire d'Angola et le Gouvernement de la République de Cuba d'achever le 25 mai 1991, avant la date prévue le retrait de toutes les troupes cubaines d'Angola,

Considérant la demande présentée au Secrétaire général par le Ministre des relations extérieures de la République populaire d'Angola dans sa lettre du 8 mai 1991,

Ayant examiné le rapport du Secrétaire général en date des 20 et 29 mai 1991,

Tenant compte du fait que le mandat de la Mission de vérification des Nations Unies en Angola créée par le Conseil dans sa résolution 626 (1988) du 20 décembre 1988 vient à expiration le 22 juillet 1991,

1. Approuve le rapport du Secrétaire général en date des 20 et 29 mai 1991 ainsi que les recommandations qui y figurent;

2. Décide en conséquence de confier un nouveau mandat à la Mission de vérification des Nations Unies en Angola (qui devient dorénavant la Mission de vérification des Nations Unies en Angola II), comme le Secrétaire général l'a proposé, dans la ligne des Accords de paix concernant l'Angola, et prie le Secrétaire général de prendre les mesures voulues à cet effet;

3. Décide également de constituer la Mission de vérification des Nations Unies en Angola II pour une période de dix sept mois à compter de la date d'adoption de la présente résolution afin de réaliser les objectif énoncés dans le rapport du Secrétaire général;

4. Prie le Secrétaire général de faire rapport au Conseil de sécurité immédiatement après la signature des Accords de paix et de tenir le Conseil pleinement au courant de l'évolution de la situation.

2991e séance
30 mai 1991

S/RES/846 (UNOMUR)

Le Conseil de sécurité,

Réaffirmant sa résolution 812 (1993) du 12 mars 1993,

Prenant note du rapport intérimaire du

Secrétaire général en date du 20 mai 1993 (S/25810 et Add.1),

Prenant note également des demandes formulées par les Gouvernements du Rwanda et de l'Ouganda concernant le déploiement d'observateurs le long de leur frontière commune, en tant que mesure de confiance temporaire (S/25355, S/25356, S/25797),

Soulignant la nécessité de prévenir une reprise des combats, qui pourrait avoir des conséquences négatives sur la situation au Rwanda et sur la paix et la sécurité internationales,

Soulignant la nécessité d'une solution politique négociée dans le cadre des accords devant être signés par les parties à Arusha, pour mettre fin au conflit au Rwanda,

Saluant les efforts déployés par l'Organisation de l'unité africaine (OUA) et le Gouvernement de la République-Unie de Tanzanie pour promouvoir une telle solution politique,

Prenant note de la requête conjointe du Gouvernement du Rwanda et du Front patriotique rwandais (FPR) adressée au Secrétaire général concernant la mise en place d'une force internationale neutre au Rwanda (S/25951),

Soulignant l'importance des négociations en cours à Arusha, entre le Gouvernement du Rwanda et le FPR, et exprimant sa disponibilité à envisager d'aider l'OUA à mettre en oeuvre les accords dès qu'ils auront été signés,

1. Accueille avec satisfaction le rapport du Secrétaire général (S/25810 et Add.1);

2. Décide de créer la Mission d'observation des Nations Unies Ouganda-Rwanda (MONUOR) qui sera déployée du côté ougandais de la frontière

pour une période initiale de six mois, conformément au rapport du Secrétaire général (S/25810 et Add.1) et susceptible d'être révisée tous les six mois;

3. Décide que la MONUOR devra observer la frontière entre l'Ouganda et le Rwanda vérifier qu'aucune assistance militaire ne parvient au Rwanda, l'accent étant mis essentiellement à cet égard sur le transit et le transport à travers la frontière, par des routes ou des pistes où peuvent passer des véhicules, d'armes meurtrières et de munitions, ainsi que de tout autre matériel pouvant être utilisé à des fins militaires;

4. Prie le Secrétaire général de conclure avec le Gouvernement de l'Ouganda, avant le déploiement complet de la MONUOR, un accord sur le statut de la Mission incluant la sécurité, la coopération et le soutien que le Gouvernement de l'Ouganda fournira à la MONUOR;

5. Approuve l'envoi d'un détachement précurseur dans une période de quinze jours suivant l'adoption de cette résolution ou le plus tôt possible après la conclusion de l'Accord sur le statut de la Mission et le déploiement complet dans une période de trente jours après l'arrivée du détachement précurseur;

6. Prie instamment le Gouvernement du Rwanda et le FPR de respecter strictement les règles du droit humanitaire international;

7. Prie instamment aussi le Gouvernement du Rwanda et le FPR de s'abstenir de toute action susceptible d'entretenir la tension;

8. Se félicite de la décision du Secrétaire général d'appuyer les efforts de paix de l'OUA par la mise à disposition de deux experts militaires, en vue d'apporter une assistance au Groupe d'observateurs militaires neutres (GOMN), en particulier par une expertise logistique afin d'aider à

accélérer le déploiement d'un GOMN élargi au Rwanda;

9. Appelle le Gouvernement du Rwanda et le FPR à conclure rapidement un accord de paix global;

10. Prie le Secrétaire général de lui faire rapport sur les résultats des pourparlers de paix d'Arusha;

11. Prie aussi le Secrétaire général de lui faire rapport sur la contribution que les Nations Unies pourraient apporter pour aider l'OUA à mettre en oeuvre l'accord susmentionné et de commencer à faire des plans au cas où le Conseil déciderait que cette contribution est nécessaire;

12. Prie également le Secrétaire général de lui faire rapport sur la mise en oeuvre de la présente résolution, dans une période de soixante jours suivant le déploiement de la MONUOR;

13. Décide de rester activement saisi de la question.

3244e séance
22 juin 1993

S/RES/872 (UNAMIR)

Le Conseil de sécurité,

Réaffirmant ses résolutions 812 (1993) du 12 mars 1993 et 846 (1993) du 22 juin 1993,

Réaffirmant également sa résolution 868 (1993) du 29 septembre 1993 relative à la sécurité des opérations des Nations Unies,

Ayant examiné le rapport du Secrétaire général en date du 24 septembre 1993 (S/26488 et Add.1),

Se félicitant de la signature de l'Accord de paix d'Arusha (y compris ses Protocoles) le 4 août 1993, et exhortant les parties à continuer de le respecter pleinement,

Notant la conclusion du Secrétaire général selon laquelle, pour permettre aux Nations Unies de jouer leur rôle avec efficacité et succès, les parties doivent coopérer pleinement l'une avec l'autre et avec l'Organisation,

Soulignant l'urgence qui s'attache au déploiement d'une force internationale neutre au Rwanda, telle que soulignée par le Gouvernement de la République rwandaise et par le Front patriotique rwandais, et réaffirmée par leur délégation conjointe dépêchée auprès des Nations Unies,

Rendant hommage au rôle joué par l'Organisation de l'unité africaine (OUA) et par le Gouvernement de la République-Unie de Tanzanie dans la conclusion de l'Accord de paix d'Arusha,

Déterminé à ce que les Nations Unies apportent, à la demande des parties, dans un environnement pacifique et avec l'entière coopération de toutes les parties, leur pleine contribution à la mise en oeuvre de l'Accord de paix d'Arusha,

1. Accueille favorablement le rapport du Secrétaire général (S/26488);

2. Décide de créer une opération de maintien de la paix intitulée la Mission des Nations Unies pour l'assistance au Rwanda (MINUAR) pour une période de six mois, étant entendu que celle-ci ne sera prolongée au-delà de la période initiale de quatre-vingt-dix jours qu'une fois que le Conseil de sécurité aura examiné un rapport du Secrétaire général indiquant si des progrès appréciables ont été réalisés ou non dans la mise en oeuvre de l'Accord de paix d'Arusha;

3. <u>Décide</u> que, à partir des recommandations du Secrétaire général, la MINUAR aura le mandat suivant :

a) Contribuer à assurer la sécurité de la ville de Kigali, notamment à l'intérieur de la zone libre d'armes établie par les parties s'étendant dans la ville et dans ses alentours;

b) Superviser l'accord de cessez-le-feu, qui appelle à la mise en place de points de cantonnement et de rassemblement et à la délimitation d'une nouvelle zone démilitarisée de sécurité ainsi qu'à la définition d'autres procédures de démobilisation;

c) Superviser les conditions de la sécurité générale dans le pays pendant la période terminale du mandat du gouvernement de transition, jusqu'aux élections;

d) Contribuer au déminage, essentiellement au moyen de programmes de formation;

e) Examiner, à la demande des parties ou de sa propre initiative, les cas de non-application du protocole d'accord sur l'intégration des forces armées, en déterminer les responsables et faire rapport sur cette question, en tant que de besoin, au Secrétaire général;

f) Contrôler le processus de rapatriement des réfugiés rwandais et de réinstallation des personnes déplacées, en vue de s'assurer que ces opérations sont exécutées dans l'ordre et la sécurité;

g) Aider à la coordination des activités d'assistance humanitaire liées aux opérations de secours;

h) Enquêter et faire rapport sur les incidents relatifs aux activités de la gendarmerie et de la police;

4. <u>Approuve</u> la proposition du Secrétaire général d'intégrer la Mission d'observation des Nations Unies Ouganda-Rwanda (MONUOR), telle qu'établie par la résolution 846 (1993) au sein de la MINUAR;

5. <u>Se félicite</u> des efforts et de la coopération de l'OUA pour aider à mettre en oeuvre l'Accord de paix d'Arusha, et notamment de l'intégration du Groupe d'observateurs militaires neutres (GOMN II) dans la MINUAR;

6. <u>Approuve de plus</u> la proposition du Secrétaire général d'effectuer de façon échelonnée le déploiement et le retrait de la MINUAR et <u>note</u>, dans ce contexte, que le mandat de la MINUAR, s'il est prolongé, devrait s'achever à la suite des élections nationales et de la mise en place d'un nouveau gouvernement au Rwanda, événements programmés pour octobre 1995, en tout état de cause au plus tard pour décembre 1995;

7. <u>Autorise</u> dans ce contexte le Secrétaire général à déployer, dans les délais les plus brefs, pour une période initiale de six mois, un premier contingent à Kigali au niveau d'effectifs spécifié dans le rapport du Secrétaire général, dont la mise en place complète permettra l'installation des institutions de transition et l'exécution des autres dispositions pertinentes de l'Accord de paix d'Arusha;

8. <u>Invite</u> le Secrétaire général, dans le cadre du rapport auquel il est fait référence dans le paragraphe 2 ci-dessus, à faire également rapport sur les progrès de la MINUAR à la suite de son déploiement initial, et <u>se déclare déterminé</u> à examiner en tant que de besoin, sur la base de ce rapport et dans le cadre de l'examen auquel il est fait référence dans le paragraphe 2 ci-dessus, la nécessité de procéder à des déploiements additionnels dont le volume et la composition seront conformes aux recommandations du Secrétaire général dans son rapport (S/26488);

9. **Invite** le Secrétaire général à étudier les moyens de réduire l'effectif maximum total de la MINUAR, sans que ceci affecte la capacité de la MINUAR à exécuter son mandat, et **demande** au Secrétaire général, lorsqu'il préparera et réalisera le déploiement échelonné de l'opération, de chercher à faire des économies et de faire rapport régulièrement sur les résultats obtenus dans ce domaine;

10. **Accueille favorablement** l'intention du Secrétaire général de nommer un Représentant spécial qui prendrait la tête de la MINUAR sur le terrain et exercerait son autorité sur tous ses éléments;

11. **Prie instamment** les parties de mettre en oeuvre de bonne foi l'Accord de paix d'Arusha;

12. **Demande** au Secrétaire général de conclure un accord sur le statut de la MINUAR et de tout le personnel qui y participe au Rwanda avec diligence pour que celui-ci entre en vigueur aussi tôt que possible après le début de l'opération, au plus trente jours après l'adoption de cette résolution;

13. **Exige** que les parties prennent toutes mesures voulues pour garantir la sécurité de l'opération et du personnel qui y participe;

14. **Lance** un appel pressant aux Etats Membres, aux institutions spécialisées des Nations Unies ainsi qu'aux organisations non gouvernementales, pour qu'ils fournissent et intensifient leur assistance économique, financière et humanitaire en faveur du peuple rwandais et du processus de démocratisation au Rwanda;

15. **Décide** de rester activement saisi de la question.

3288e séance
5 octobre 1993

S/RES/915 (UNASOG)

Le Conseil de sécurité,

Rappelant sa résolution 910 (1994) du 14 avril 1994,

Se félicitant de la signature, le 4 avril 1994 à Syrte (Libye), par les représentants de la République du Tchad d'une part, de la Grande Jamahiriya arabe libyenne populaire et socialiste d'autre part, de l'Accord sur l'exécution de l'arrêt rendu le 3 février 1994 par la Cour internationale de Justice,

Prenant note de la lettre datée du 6 avril 1994, adressée au Secrétaire général par le Représentant permanent de la Jamahiriya arabe libyenne auprès de l'Organisation des Nations Unies (S/1994/402) et de la lettre datée du 13 avril 1994, adressée au Secrétaire général par le Représentant permanent du Tchad (S/1994/424), ainsi que de leurs annexes,

Notant que l'Accord de Syrte (Libye) prévoit que des observateurs de l'Organisation des Nations Unies assisteront à toutes les opérations de retrait libyen et constateront le caractère effectif de ce retrait,

Déterminé à aider les parties à appliquer l'arrêt rendu par la Cour internationale de Justice concernant leur différend territorial et à contribuer ainsi à promouvoir des relations pacifiques entre elles, conformément aux buts et principes de la Charte des Nations Unies,

Ayant examiné le rapport du Secrétaire général en date du 27 avril 1994 (S/1994/512),

A

1. **Prend note avec satisfaction** du rapport du Secrétaire général relatif à

l'exécution des dispositions de l'article premier de l'Accord précité (S/1994/512);

2. Décide de créer le Groupe d'observateurs des Nations Unies dans la bande d'Aouzou (GONUBA) et autorise le déploiement, pour une seule période de 40 jours au maximum, à compter de la date de la présente résolution, de neuf observateurs des Nations Unies et six personnels de soutien chargés d'observer l'exécution de l'Accord signé le 4 avril 1994 à Syrte (Libye), conformément aux recommandations du Secrétaire général (S/1994/512) et au paragraphe 9 de la résolution 907 (1994) du 29 mars 1994;

3. Appelle les parties à coopérer pleinement avec le Secrétaire général dans la vérification de l'application des dispositions de l'Accord du 4 avril 1994 et, notamment, à accorder au GONUBA la liberté de mouvement et tous les services qui lui sont nécessaires pour s'acquitter de ses tâches;

B

Considérant que le GONUBA devra se rendre en Libye par voie aérienne et qu'une dérogation aux dispositions du paragraphe 4 de la résolution 748 (1992) du 31 mars 1992 sera nécessaire à cet effet, et agissant, à ce titre, en vertu du Chapitre VII de la Charte des Nations Unies,

4. Décide que le paragraphe 4 de la résolution 748 (1992) du 31 mars 1992 ne s'appliquera pas aux appareils effectuant des vols à destination ou en provenance de la Libye pour assurer les transports liés au mandat du GONUBA;

5. Prie le Secrétaire général d'informer le Comité créé par la résolution 748 (1992) des vols effectués à destination ou en provenance de la Libye conformément à la présente résolution;

C

6. Invite le Secrétaire général à l'informer en tant que de besoin du déroulement de la mission et à lui faire rapport à sa conclusion;

7. Décide de rester saisi de la question.

3373e séance
4 mai 1994

S/RES/929 (Opération "Turquoise")

Le Conseil de sécurité,

Réaffirmant toutes ses résolutions précédentes sur la situation au Rwanda, en particulier ses résolutions 912 (1994) du 21 avril 1994, 918 (1994) du 17 mai 1994 et 925 (1994) du 8 juin 1994, par lesquelles il a défini le mandat et le niveau des effectifs de la Mission des Nations Unies pour l'assistance au Rwanda (MINUAR),

Déterminé à contribuer à la reprise du processus de règlement politique dans le cadre de l'Accord de paix d'Arusha et encourageant le Secrétaire général et son Représentant spécial pour le Rwanda à poursuivre et à redoubler leurs efforts aux niveaux national, régional et international pour promouvoir ces objectifs,

Soulignant l'importance de la coopération de toutes les parties pour l'accomplissement des objectifs des Nations Unies au Rwanda,

Ayant examiné la lettre du Secrétaire général en date du 19 juin 1994 (S/1994/728),

Prenant en considération les délais indispensables pour rassembler les ressources nécessaires au déploiement effectif de la MINUAR telle qu'elle a été renforcée par les résolutions 918 (1994) et 925 (1994),

Notant l'offre faite par des États Membres de coopérer avec le Secrétaire général pour atteindre les objectifs des Nations Unies au Rwanda (S/1994/734) et soulignant le caractère strictement humanitaire de cette opération, qui sera menée de façon impartiale et neutre et ne constituera pas une force d'interposition entre les parties,

Se félicitant de la coopération entre les Nations Unies, l'Organisation de l'unité africaine (OUA) et les États voisins pour restaurer la paix au Rwanda,

Profondément préoccupé par la poursuite des massacres systématiques et de grande ampleur de la population civile au Rwanda,

Conscient de ce que la situation actuelle au Rwanda constitue un cas unique qui exige une réaction urgente de la communauté internationale,

Considérant que l'ampleur de la crise humanitaire au Rwanda constitue une menace à la paix et à la sécurité dans la région,

1. Accueille favorablement la lettre du Secrétaire général en date du 19 juin 1994 (S/1994/728) et donne son accord à ce qu'une opération multinationale puisse être mise sur pied au Rwanda à des fins humanitaires jusqu'à ce que la MINUAR soit dotée des effectifs nécessaires;

2. Accueille favorablement aussi l'offre d'États Membres (S/1994/734) de coopérer avec le Secrétaire général afin d'atteindre les objectifs des Nations Unies au Rwanda par la mise en place d'une opération temporaire, placée sous commandement et contrôle nationaux, visant à contribuer, de manière impartiale, à la sécurité et à la protection des personnes déplacées, des réfugiés et des civils en danger au Rwanda, étant entendu que le coût de la mise en oeuvre de cette offre sera à la charge des États Membres concernés;

3. Agissant en vertu du Chapitre VII de la Charte des Nations Unies, autorise les États Membres coopérant avec le Secrétaire général à mener l'opération décrite au paragraphe 2 ci-dessus, en employant tous les moyens nécessaires pour atteindre les objectifs humanitaires énoncés aux alinéas a) et b) du paragraphe 4 de la résolution 925 (1994);

4. Décide que la mission des États Membres qui coopèrent avec le Secrétaire général sera limitée à une période de deux mois suivant l'adoption de la présente résolution, à moins que le Secrétaire général ne considère avant la fin de cette période que la MINUAR renforcée est en mesure d'accomplir son mandat;

5. Accueille avec satisfaction les offres déjà faites par des États Membres concernant des troupes destinées à la MINUAR renforcée;

6. Demande à tous les États Membres de répondre de toute urgence à la demande du Secrétaire général en ressources, y compris en soutien logistique, pour mettre la MINUAR renforcée en mesure d'exécuter effectivement son mandat le plus rapidement possible et prie le Secrétaire général d'identifier les équipements essentiels dont ont besoin les troupes qui doivent constituer la MINUAR renforcée et de coordonner la fourniture de ces équipements;

7. Accueille favorablement, à cet égard, les offres déjà faites par des États Membres concernant du matériel destiné aux gouvernements fournissant des contingents à la MINUAR et engage les autres États Membres à offrir un appui analogue, éventuellement en assurant l'équipement complet des contingents de certains contributeurs de troupes, afin d'accélérer le déploiement de la MINUAR renforcée;

8. Prie les États Membres qui coopèrent avec le Secrétaire général de se coordonner

étroitement avec la MINUAR et prie également le Secrétaire général de mettre en place à cet effet les mécanismes appropriés;

9. Exige que toutes les parties au conflit et autres intéressés mettent immédiatement fin à tous les massacres de populations civiles dans les zones qu'ils contrôlent et permettent aux États Membres qui coopèrent avec le Secrétaire général d'accomplir pleinement la mission décrite au paragraphe 3 ci-dessus;

10. Prie les États concernés et, en tant que de besoin, le Secrétaire général de lui présenter régulièrement des rapports, dont le premier sera établi au plus tard 15 jours après l'adoption de la présente résolution, sur la conduite de l'opération et sur les progrès accomplis dans la réalisation des objectifs cités aux paragraphes 2 et 3 ci-dessus;

11. Prie également le Secrétaire général de lui faire rapport sur les progrès réalisés en vue du déploiement complet de la MINUAR renforcée dans le cadre du rapport requis le 9 août 1994 au plus tard au titre du paragraphe 17 de la résolution 925 (1994), ainsi qu'en vue de la reprise du processus de règlement politique en vertu de l'Accord de paix d'Arusha;

12. Décide de rester activement saisi de la question.

3392e séance
22 juin 1994

S/RES/976 (UNAVEM III)

Le Conseil de sécurité,

Réaffirmant sa résolution 696 (1991) du 30 mai 1991 et toutes ses résolutions ultérieures sur la question,

Ayant examiné le rapport du Secrétaire général daté du 1er février 1995 (S/1995/97 et Add.1),

Se déclarant à nouveau résolu à préserver l'unité et l'intégrité territoriale de l'Angola,

Se félicitant de la signature du Protocole de Lusaka le 20 novembre 1994 (S/1994/1441, annexe), qu'il considère comme une étape importante vers l'instauration de la paix et de la stabilité en Angola,

Réaffirmant l'importance qu'il attache à l'application intégrale des "Acordos de Paz" (S/22609, annexe), du Protocole de Lusaka, ainsi que de ses résolutions pertinentes,

Prenant note du plan de mise en oeuvre énoncé dans le Protocole de Lusaka, en particulier de la nécessité pour le Gouvernement de l'Angola et l'UNITA de fournir toutes les informations militaires pertinentes à l'Organisation des Nations Unies, d'autoriser la liberté de mouvement et la libre circulation des biens et de commencer à désengager leurs forces dans les secteurs où elles sont en contact,

Se félicitant que le cessez-le-feu soit dans l'ensemble respecté,

Se félicitant également des progrès accomplis lors des réunions que les chefs d'état-major des Forces armées angolaises et de l'UNITA ont tenues à Chipipa le 10 janvier 1995 et à Wako Kungo les 2 et 3 février 1995,

Se félicitant en outre du déploiement des forces d'observation de la Mission de vérification des Nations Unies en Angola (UNAVEM II), ainsi que de la contribution apportée à la Mission par certains États Membres,

Se félicitant que le Gouvernement de l'Angola ait offert d'apporter une importante contribution en nature aux opérations de maintien de la paix des Nations Unies en Angola, comme indiqué dans le document intitulé "Coût de l'application du Protocole de Lusaka" (S/1994/1451),

Profondément préoccupé par le retard pris dans la mise en oeuvre du Protocole de Lusaka,

Soulignant qu'il est nécessaire que M. José Eduardo dos Santos, Président de l'Angola, et M. Jonas Savimbi, Président de l'UNITA, se rencontrent sans tarder, afin de donner l'impulsion politique nécessaire à la bonne exécution du Protocole de Lusaka,

Se félicitant de l'envoi par l'Organisation de l'unité africaine (OUA) d'une délégation ministérielle auprès de lui afin de participer à l'examen de la situation en Angola,

1. *Autorise* la mise en place d'une opération de maintien de la paix en Angola (UNAVEM III), afin d'aider les parties à rétablir la paix et à réaliser la réconciliation nationale dans le pays sur la base des "Acordos de Paz", du Protocole de Lusaka et de ses résolutions pertinentes, comme indiqué dans la section IV du rapport du Secrétaire général en date du 1er février 1995, opération dont le mandat initial ira jusqu'au 8 août 1995 et qui comptera au maximum 7 000 soldats, en sus des 350 observateurs militaires et 260 observateurs de police mentionnés dans le rapport du Secrétaire général, ainsi qu'un nombre approprié de civils recrutés sur le plan international et localement;

2. *Demande instamment* que les observateurs militaires et observateurs de police soient rapidement déployés afin de contrôler le cessez-le-feu;

3. *Autorise* le déploiement immédiat des éléments de planification et d'appui nécessaires pour préparer le déploiement de forces de maintien de la paix auquel il sera procédé à condition que

le Secrétaire général demeure convaincu que le cessez-le-feu est effectif et que des mécanismes efficaces de contrôle conjoints sont en place, d'une part, et, de l'autre, que les deux parties autorisent le libre acheminement de l'aide humanitaire dans tout le pays dans des conditions de sécurité, et *autorise* le déploiement ultérieur des éléments supplémentaires nécessaires à l'établissement de zones de casernement opérationnelles pour les forces de l'UNITA;

4. *Décide* que les unités d'infanterie ne seront déployées qu'après que le Secrétaire général lui aura fait savoir que les conditions énoncées au paragraphe 32 de son rapport ont été réunies — notamment, cessation effective des hostilités, communication de toutes les données militaires pertinentes et désignation de toutes les zones de casernement — à condition que le Conseil de sécurité n'en ait pas décidé autrement;

5. *Souligne* l'importance qu'il attache à la mise en place rapide d'un vaste programme de déminage bien coordonné, comme prévu dans le rapport du Secrétaire général en date du 1er février 1995, et *prie* le Secrétaire général de l'informer de l'état d'avancement de l'exécution de ce programme;

6. *Souscrit* aux vues formulées par le Secrétaire général dans son rapport (S/1995/97 et Add.1) quant à la nécessité de doter UNAVEM III des moyens d'information voulus, y compris une station de radio de l'ONU à mettre en place en consultation avec le Gouvernement de l'Angola;

7. *Prie* le Secrétaire général de l'informer tous les mois de l'état d'avancement du déploiement d'UNAVEM III et de la mise en oeuvre du Protocole de Lusaka, notamment le maintien d'un cessez-le-feu effectif, le libre accès d'UNAVEM III à toutes les régions de l'Angola, le libre acheminement de l'aide

humanitaire dans l'ensemble du pays et le respect par le Gouvernement de l'Angola et par l'UNITA des obligations que leur impose le Protocole de Lusaka, et prie aussi le Secrétaire général de lui présenter un rapport complet le 15 juillet 1995 au plus tard;

8. Se félicite que le Secrétaire général ait l'intention d'adjoindre des spécialistes des droits de l'homme à la composante politique d'UNAVEM III, afin d'observer l'application des dispositions relatives à la réconciliation nationale;

9. Déclare avoir l'intention de revoir le rôle de l'ONU en Angola au cas où le Secrétaire général signalerait que la coopération des parties se fait attendre ou laisse à désirer;

10. Déclare avoir l'intention de mettre fin à la mission d'UNAVEM III lorsque les objectifs du Protocole de Lusaka auront été réalisés conformément au plan de mise en oeuvre qui y est annexé, l'achèvement des activités entreprises à ce titre étant prévu pour février 1997;

11. Note avec satisfaction les contributions substantielles apportées par les États Membres, les organismes des Nations Unies et des organisations non gouvernementales pour répondre aux besoins humanitaires du peuple angolais, et incite les donateurs à offrir d'autres apports importants;

12. Réaffirme que tous les États Membres ont l'obligation d'appliquer intégralement les dispositions du paragraphe 19 de la résolution 864 (1993) et demande au Gouvernement de l'Angola et à l'UNITA de cesser, tant qu'UNAVEM III demeurera en Angola, toute acquisition d'armes et de matériel de guerre, comme convenu dans les "Acordos de Paz", et de consacrer plutôt leurs ressources à satisfaire les besoins humanitaires et sociaux prioritaires;

13. Prie le Gouvernement de l'Angola de conclure le 20 mars 1995 au plus tard avec l'Organisation des Nations Unies un accord sur le statut des forces;

14. Incite le Secrétaire général à demander d'urgence au Gouvernement de l'Angola de donner suite à son offre d'aide directe à UNAVEM III, à en tenir compte dans l'accord sur le statut des forces dont il est question au paragraphe 13 ci-dessus et à étudier avec le Gouvernement de l'Angola et l'UNITA les possibilités d'une aide supplémentaire substantielle au titre du maintien de la paix, ainsi qu'à faire rapport au Conseil sur le résultat de ces recherches;

15. Demande instamment aux États Membres de répondre favorablement à la demande que le Secrétaire général leur a faite d'apporter des contributions en personnel, en matériel et en ressources diverses à UNAVEM III, afin d'en faciliter le déploiement rapide;

16. Exige que tous les intéressés en Angola prennent les mesures nécessaires pour assurer la sécurité et la liberté de mouvement du personnel des Nations Unies et autre, déployé dans le cadre d'UNAVEM III;

17. Se félicite de la présence de la délégation ministérielle de l'OUA et note, à cet égard, la nécessité d'une coopération constante entre l'Organisation des Nations Unies et l'OUA en vue du rétablissement de la paix et de la sécurité en Angola, ainsi que la contribution que les organisations régionales peuvent apporter à la gestion des crises et au règlement des conflits;

18. Décide de rester activement saisi de la question.

3499e séance
8 février 1995

S/RES/1118 (MONUA)

Le Conseil de sécurité,

Réaffirmant sa résolution 696 (1991) du 30 mai 1991 et toutes ses résolutions ultérieures sur la question,

Réaffirmant également son engagement à l'égard de l'unité et de l'intégrité territoriale de l'Angola,

Considérant qu'UNAVEM III a apporté une contribution efficace au rétablissement de la paix et au processus de réconciliation nationale sur la base des "Acordos de Paz" (S/22609, annexe), du Protocole de Lusaka (S/1994/1441, annexe) et de ses propres résolutions pertinentes,

Considérant aussi que la formation du Gouvernement d'unité et de réconciliation nationale constitue une base solide pour le processus de réconciliation nationale,

Soulignant qu'il importe que le Gouvernement angolais et l'União Nacional para a Independência Total de Angola (UNITA) mènent à bien sans plus tarder les tâches politiques et militaires qui restent à accomplir dans le cadre du processus de paix,

Se déclarant préoccupé par la récente aggravation des tensions, particulièrement dans les provinces du nord-est, ainsi que par les attaques lancées par l'UNITA contre les postes et le personnel d'UNAVEM III,

Réaffirmant que c'est aux Angolais eux-mêmes qu'incombe en dernier ressort la responsabilité de mener le processus de paix à son terme,

Ayant examiné le rapport du Secrétaire général en date du 5 juin 1997 (S/1997/438),

1.   Accueille avec satisfaction les recommandations formulées par le Secrétaire général dans son rapport du 5 juin 1997;

2.   Décide de créer la Mission d'observation des Nations Unies en Angola (MONUA), avec effet au 1er juillet 1997, et de lui attribuer les objectifs, le mandat et la structure recommandés par le Secrétaire général dans la section VII de son rapport du 5 juin 1997;

3.   Décide également, comptant que la mission sera achevée le 1er février 1998 au plus tard, que le mandat initial de la MONUA courra jusqu'au 31 octobre 1997 et prie le Secrétaire général de lui faire rapport sur la situation le 15 août 1997 au plus tard;

4.   Décide en outre que la MONUA prendra en charge toutes les composantes et tous les biens d'UNAVEM III restés en Angola, y compris les unités militaires constituées, qu'il lui appartiendra de déployer selon les besoins jusqu'à leur retrait;

5.   Demande que, en procédant au retrait prévu des unités militaires des Nations Unies, le Secrétaire général continue à tenir compte de la situation sur le terrain et des progrès accomplis en ce qui concerne les éléments encore inachevés du processus de paix, et qu'il fasse rapport à ce sujet dans le cadre de l'examen prévu au paragraphe 3;

6.   Demande au Gouvernement angolais d'appliquer mutatis mutandis à la MONUA et à ses membres l'Accord sur le statut de l'opération de maintien de la paix des Nations Unies en Angola (UNAVEM III) conclu le 3 mai 1995 entre l'Organisation des Nations Unies et le Gouvernement angolais et prie le Secrétaire général de confirmer d'urgence qu'il en va bien ainsi;

7.   Souscrit à la recommandation du Secrétaire général tendant à ce que le

Représentant spécial continue de présider la Commission conjointe constituée en application du Protocole de Lusaka, mécanisme qui s'est révélé essentiel pour la mise en oeuvre du processus de paix et le règlement du conflit;

8. <u>Demande</u> au Gouvernement angolais et à l'UNITA de coopérer pleinement avec la MONUA et d'assurer la liberté de circulation et la sécurité de son personnel;

9. <u>Demande très instamment</u> au Gouvernement angolais et particulièrement à l'UNITA de parachever les derniers éléments politiques du processus de paix, y compris la normalisation de l'administration de l'État sur l'ensemble du territoire national, conformément à un calendrier et à des procédures convenus entre les deux parties dans le cadre de la Commission conjointe, la transformation de la station de radio de l'UNITA en une radio non partisane et celle de l'UNITA elle-même en un parti politique;

10. <u>Demande de même très instamment</u> au Gouvernement angolais et particulièrement à l'UNITA de parachever sans retard les derniers éléments militaires du processus de paix, y compris l'enregistrement et la démobilisation de tous les éléments militaires non encore dissous, l'élimination de tous les obstacles à la libre circulation des personnes et des biens et le désarmement de la population civile;

11. <u>Conjure</u> chacune des deux parties de s'abstenir de tout recours à la force pouvant faire obstacle à la mise en oeuvre intégrale du processus de paix;

12. <u>Demande</u> au Gouvernement angolais d'aviser la MONUA de tous mouvements de troupes, conformément aux dispositions du Protocole de Lusaka;

13. <u>Exige</u> que l'UNITA apporte sans tarder à la Commission conjointe des éléments d'information complets concernant tout le personnel armé qu'elle contrôle, y compris la garde personnelle du chef du principal parti d'opposition, la "police des mines", les membres armés de l'UNITA revenant de l'étranger, et tous autres membres du personnel armé de l'UNITA non encore signalés à l'ONU, de façon que ceux-ci puissent être recensés, désarmés et démobilisés conformément au Protocole de Lusaka et aux accords conclus entre les parties dans le cadre de la Commission conjointe;

14. <u>Exprime l'espoir</u> que les questions qui retardent actuellement la mise en oeuvre intégrale du Protocole de Lusaka pourront être résolues à l'occasion d'une réunion, sur le territoire national, entre le Président de l'Angola et le chef du principal parti d'opposition;

15. <u>Demande instamment</u> à la communauté internationale d'apporter l'assistance voulue pour faciliter la démobilisation des ex-combattants et leur réinsertion dans la société, la réinstallation des personnes déplacées et le relèvement économique et la reconstruction de l'Angola en vue de la consolidation des acquis du processus de paix;

16. <u>Remercie</u> le Secrétaire général, son Représentant spécial et le personnel d'UNAVEM III d'avoir aidé les parties angolaises à mettre en oeuvre le processus de paix;

17. <u>Décide</u> de demeurer activement saisi de la question.

3795e séance
30 juin 1997

S/RES/1125 (MISAB)

Le Conseil de sécurité,

Préoccupé par la crise grave que traverse la République centrafricaine,

Prenant note avec satisfaction de la signature des Accords de Bangui (S/1997/561, appendices III à VI) le 25 janvier 1997 et de la création de la Mission interafricaine chargée de surveiller l'application des Accords de Bangui (MISAB),

Préoccupé par 1e fait que, en République centrafricaine, des ex-mutins, des membres des milices et d'autres personnes continuent à détenir des armes en contravention des Accords de Bangui,

Prenant note de la lettre datée du 4 juillet 1997 que le Président de la République centrafricaine a adressée au Secrétaire général (S/1997/561, annexe),

Prenant note également de la lettre datée du 7 juillet 1997 que le Président du Gabon a, au nom des membres du Comité international de suivi des Accords de Bangui, adressée au Secrétaire général (S/1997/543),

Considérant que la situation en République centrafricaine constitue toujours une menace pour la paix et la sécurité internationales dans la région,

1. Se félicite des efforts des États Membres qui participent à la MISAB et des États qui leur apportent un soutien;

2. Approuve la poursuite, par les États Membres participant à la MISAB, des opérations requises, de manière neutre et impartiale, pour atteindre l'objectif de la MISAB, qui est de faciliter le retour à la paix et à la sécurité en surveillant l'application des Accords de Bangui en République centrafricaine, ainsi qu'il est stipulé dans le mandat de la MISAB (S/1997/561, appendice I), notamment par la supervision de la remise des armes des ex-mutins, des milices et de toutes les autres personnes illégalement porteuses d'armes;

3. Agissant en vertu du Chapitre VII de la Charte des Nations Unies, autorise les États Membres participant à la MISAB et ceux qui fournissent un soutien logistique à assurer la sécurité et la liberté de mouvement de leur personnel;

4. Décide que l'autorisation mentionnée au paragraphe 3 ci-dessus sera limitée à une période initiale de trois mois à compter de l'adoption de la présente résolution, le Conseil procédant alors à une évaluation de la situation sur la base des rapports mentionnés au paragraphe 6 ci-dessous;

5. Souligne que les dépenses et le soutien logistique de la Force seront assurés au titre de contributions volontaires conformément à l'article II du mandat de la MISAB;

6. Prie les États Membres participant à la MISAB de lui présenter des rapports périodiques par l'entremise du Secrétaire général, au moins toutes les deux semaines, le premier de ces rapports devant lui être soumis 14 jours au plus tard après l'adoption de la présente résolution;

7. Décide de demeurer activement saisi de la question.

3808e séance
6 août 1997

S/RES/1136 (MISAB)

Le Conseil de sécurité,

Réaffirmant sa résolution 1125 (1997) du 6 août 1997,

Prenant acte du sixième rapport que lui a adressé le Comité international de suivi des Accords de Bangui (S/1997/828, annexe)

Prenant note de la lettre datée du 17 octobre 1997, adressée au Secrétaire général par le Président de la République centrafricaine (S/1997/840, annexe),

Prenant note également de la lettre datée du 23 octobre 1997, adressée au Président du Conseil de sécurité par le Président du Gabon au nom des membres du Comité international de suivi des Accords de Bangui (S/1997/82l, annexe)

Se félicitant de la neutralité et de l'impartialité avec lesquelles la Mission interafricaine chargée de surveiller l'application des Accords de Bangui (MISAB) a rempli son mandat, en étroite coopération avec les autorités centrafricaines, et notant avec satisfaction que la MISAB a contribué à stabiliser la situation en République centrafricaine, notamment en supervisant la remise des armes,

Notant que les Etats participant à la MISAB et la République centrafricaine ont décidé de proroger le mandat de la Mission afin que celle-ci puisse parachever sa mission,

Soulignant l'importance de la stabilité régionale et, à cet égard, appuyant pleinement les efforts déployés par les États Membres participant au Comité international de médiation, créé lors de la dix-neuvième Réunion au sommet des chefs d'État et de gouvernement de France et d'Afrique, et par les membres du Comité international de suivi des Accords de Bangui,

Soulignant aussi que tous les signataires des Accords de Bangui doivent continuer à coopérer pleinement afin d'assurer le respect et l'application de ces accords,

Considérant que la situation en République centrafricaine constitue toujours une menace pour la paix et la sécurité internationales dans la région,

1. Note avec satisfaction les efforts des États Membres qui participent à la MISAB et de ceux qui leur apportent un soutien, et se félicite que ces États soient prêts à poursuivre leurs efforts;

2. Se félicite que le Programme des Nations Unies pour le développement apporte un appui au Comité international de suivi des Accords de Bangui, et l'encourage à poursuivre ce soutien;

3. Approuve la poursuite, par les États Membres participant à la MISAB, des opérations requises, de manière neutre et impartiale, pour que la Mission atteigne son objectif, comme prévu au paragraphe 2 de la résolution 1125 (1997)

4. Agissant en vertu du Chapitre VII de la Charte des Nations Unies, autorise les États Membres participant à la MISAB et ceux qui fournissent un soutien logistique à assurer la sécurité et la liberté de mouvement de leur personnel;

5. Décide que l'autorisation mentionnée au paragraphe 4 ci-dessus sera limitée à une période de trois mois à compter de l'adoption de la présente résolution;

6. Rappelle que les dépenses et le soutien logistique de la MISAB seront couverts par des contributions volontaires conformément à l'article 11 du mandat de la

MISAB, prie le Secrétaire général de prendre les mesures nécessaires pour créer un Fonds d'affectation spéciale pour la République centrafricaine qui aiderait à apporter un appui aux contingents des États participant à la MISAB et à leur fournir un soutien logistique, et encourage les États Membres à contribuer au Fonds d'affectation spéciale;

7. Prie les États Membres participant à la MISAB de lui présenter des rapports périodiques par l'entremise du Secrétaire général, au moins tous les mois, le prochain de ces rapports devant lui être soumis un mois au plus tard après l'adoption de la présente résolution;

8. Prie 1e Secrétaire général de lui présenter avant la fin de la période de trois mois visée au paragraphe 5 ci-dessus un rapport sur l'application de la présente résolution et d'y inclure ses recommandations concernant un nouveau soutien international apporté à la République centrafricaine;

9. Demande instamment à tous les États et à toutes les organisations internationales et institutions financières d'aider au développement de la République centrafricaine après le conflit;

10. Décide de demeurer activement saisi de la question.

3829e séance
6 novembre 1997

Liste des réunions
relatives au Comité consultatif permanent des Nations Unies
sur les questions de sécurité en Afrique centrale

Réunion	Lieu		Dates	Document
Conférence sur la sécurité, le développement et le renforcement de la confiance, organisée dans le cadre de la Communauté économique des Etats d'Afrique centrale	Lomé (Togo)		15-19 février 1988	Rapport # 2 du Centre régional des Nations Unies pour la paix et le désarmement en Afrique
Réunion d'organisation	Yaoundé (Cameroun)		27-31 juillet 1992	A/47/511
Deuxième réunion ministérielle	Bujumbura (Burundi)	experts ministres	8-10 mars 1993 11-12 mars 1993	A/48/412
Troisième réunion ministérielle	Libreville (Gabon)	experts ministres	30 août-I sept. 1993 2-3 sept. 1993	A/48/412
Quatrième réunion ministérielle	Yaoundé (Cameroun)	experts ministres	4-6 avr. 1994 7-8 avr. 1994	A/49/546
Cinquième réunion ministérielle	Yaoundé (Cameroun)	experts ministres	5-7 sept. 1994 8-9 sept. 1994	A/49/546
Sixième réunion ministérielle	Brazzaville (Congo)	experts ministres	20-22 mars 1995 23-24 mars 1995	A/50/474
Septième réunion ministérielle	Brazzaville (Congo)	experts ministres	28-30 août 1995 31 août-I sept. 1995	A/50/474
Huitième réunion ministérielle	Yaoundé (Cameroun)	experts ministres	15-17 avr. 1996 18-19 avr. 1996	A/51/287
Réunion du Bureau	Brazzaville (Congo)		14-15 juin 1996	
Premier sommet des chefs d'Etat et de gouv. (signature du Pacte de Non Agression)	Yaoundé (Cameroun)		8 juil. 1996	A/51/274-S/1996/631
Premier séminaire de formation sur les opérations de paix	Yaoundé (Cameroun)		9-17 sept. 1996	
Deuxième sommet des chefs d'Etat et de gouvernements	Brazzaville (Congo)		2-3 déc. 1996	S/1996/1006
Neuvième réunion ministérielle	Libreville (Gabon)		7-11 juil. 1997	A/52/293 et A/52/283*-S/1997/644*

Participation des Etats de l'Afrique centrale à des traités multilatéraux de désarmement

(au 17 septembre 1997)

(s) signé; (r) ratifié (y compris adhésions et successions)

Signataire ou partie	Protocole de Genève[1]	Interdiction partielle des essais[2]	Espace extra-atmosphérique[3]	Traité de non-prolifération[4]	Traité d'interdiction complète des essais nucléaires[5]	Fonds marins[6]	Armes bactériologiques[7]	Convention sur l'interdiction des armes chimiques[8]	Modification de l'environnement[9]	Traité de Pelindaba[10]
Angola	r			r	s					s
Burundi		s	s	r	s	s	s	s		s
Cameroun	r	s	s	sr		s		sr		s
Congo				r	s	r	r	s		s
Gabon		sr		r	s		s	s		s
Guinée équatoriale	r	r	r	r	s	s	r	sr		
Rép. centrafricaine	r	r	s	r		sr	s	s		s
Rép. dém. du Congo (ex-Zaïre)		sr	s	sr	s		sr	s	s	s
Rwanda	r	sr	s	r		sr	sr	s		s
São Tomé et Principe				r	s	r	r		r	s
Tchad		sr		sr	s			s		s

1 **Protocole concernant la prohibition d'emploi à la guerre de gaz asphyxiants, toxiques ou similaires et de moyens bactériologiques**
Signé à Genève : 17 juin 1925
Entré en vigueur : pour chacun des Etats signataires, à dater du dépôt de sa ratification; les adhésions prennent effet à dater du jour de la notification par le gouvernement dépositaire.
Gouvernement dépositaire : France

2 **Traité interdisant les essais d'armes nucléaires dans l'atmosphère, dans l'espace extra-atmosphérique et sous l'eau**
Signé par les parties initiales à Moscou : 5 août 1963
Ouvert à la signature à Londres, Moscou et Washington : 8 août 1963
Entré en vigueur : 10 octobre 1963
Gouvernements dépositaires : Etats-Unis d'Amérique, Fédération de Russie, Royaume-Uni de Grande-Bretagne et d'Irlande du Nord

3   **Traité sur les principes régissant les activités des Etats en matière d'exploration et d'utilisation de l'espace extra-atmosphérique, y compris la lune et les autres corps célestes**
    Ouvert à la signature à Londres, Moscou et Washington : 27 janvier 1967
    Entré en vigueur : 10 octobre 1967
    Gouvernements dépositaires : Etats-Unis d'Amérique, Fédération de Russie, Royaume-Uni de Grande-Bretagne et d'Irlande du Nord

4   **Traité sur la non-prolifération des armes nucléaires**
    Ouvert à la signature à Londres, Moscou et Washington : 1er juillet 1968
    Entré en vigueur : 5 mars 1970
    Gouvernements dépositaires : Etats-Unis d'Amérique, Fédération de Russie, Royaume-Uni de Grande-Bretagne et d'Irlande du Nord

5   **Traité d'interdiction des essais nucléaires**
    Ouvert à la signature à New York : 24 septembre 1996
    Non encore en vigueur
    Dépositaire : le Secrétaire général des Nations Unies

6   **Traité interdisant de placer des armes nucléaires et autres armes de destruction massive sur le fond des mers et des océans, ainsi que dans leur sous-sol**
    Ouvert à la signature à Londres, Moscou et Washington : 11 février 1971
    Entré en vigueur : 18 mai 1972
    Gouvernements dépositaires : Etats-Unis d'Amérique, Fédération de Russie, Royaume-Uni de Grande-Bretagne et d'Irlande du Nord

7   **Convention sur l'interdiction de la mise au point, de la fabrication et du stockage des armes bactériologiques (biologiques) ou à toxines et sur leur destruction**
    Ouverte à la signature à Londres, Moscou et Washington : 10 avril 1972
    Entrée en vigueur : 26 mars 1975
    Gouvernements dépositaires : Etats-Unis d'Amérique, Fédération de Russie, Royaume-Uni de Grande-Bretagne et d'Irlande du Nord

8   **Convention sur l'interdiction de la mise au point, de la fabrication, du stockage et de l'emploi des armes chimiques et sur leur destruction**
    Ouverte à la signature : 13 janvier 1993
    Entrée en vigueur : 29 avril 1997
    Dépositaire : le Secrétaire général des Nations Unies

9   **Convention sur l'interdiction d'utiliser des techniques de modification de l'environnement à des fins militaires ou à toutes autres fins hostiles**
    Ouverte à la signature à Genève : 18 mai 1977
    Entrée en vigueur : 5 octobre 1978
    Dépositaire : le Secrétaire général des Nations Unies

10 **Traité portant création d'une zone exempte d'armes nucléaires en Afrique**
    Ouvert à la signature au Caire : 11 avril 1996
    Non encore en vigueur
    Dépositaire : le Secrétaire général de l'Organisation de l'Unité Africaine

-----